《培训》杂志策划

指尖上的学习革命

MANAGER'S GUIDE TO MOBLE LEARUING

移动学习实践指南

【美】布伦达·J. 恩德斯 著
知学云研究院 译

江苏人民出版社|凤凰经管

图书在版编目(CIP)数据

指尖上的学习革命:移动学习实践指南/(美)恩德斯著;知学云研究院译. —南京:江苏人民出版社,2016.5

书名原文:manager's guide to mobile learning

ISBN 978-7-214-17560-1

Ⅰ. ①指… Ⅱ. ①恩… ②知… Ⅲ. ①信息技术—应用—学习方法—指南 Ⅳ. ①G791—39

中国版本图书馆 CIP 数据核字(2016)第 068454 号

书　　名	指尖上的学习革命——移动学习实践指南
著　　者	[美]布伦达·J. 恩德斯
译　　者	知学云研究院
责任编辑	陈　茜
出版统筹	杨　健
责任监制	陈晓明
出版发行	凤凰出版传媒股份有限公司 江苏人民出版社
出版社地址	南京市湖南路 1 号 A 楼,邮编:210009
出版社网址	http://www.jspph.com
经　　销	凤凰出版传媒股份有限公司
照　　排	江苏凤凰制版有限公司
印　　刷	江苏凤凰通达印刷有限公司
开　　本	652 毫米×960 毫米　1/16
印　　张	12.75
字　　数	180 千字
版　　次	2016 年 4 月第 1 版　2016 年 4 月第 1 次印刷
标准书号	ISBN 978-7-214-17560-1
定　　价	48.00 元

(江苏人民出版社图书凡印装错误可向承印厂调换)

译者序

拥抱变革，创造组织学习新生态

《指尖上的学习革命——移动学习实践指南》虽是一本工具书，却对移动学习有着全景式的透视，有着极富实战性的演练攻略。移动学习日渐为业界所知，但企业和组织如何创建清晰、有效的移动学习战略？如何识别移动学习误区，拓展学习新途径？如何以较小的风险和成本推行移动学习解决方案？如何更多地关注学习体验，而不是技术和工具？如何通过移动学习实践，真正推动组织学习变革？本书对这些移动学习实践中的困惑都有很好的解答。

正如作者布伦达·J. 恩德斯所说："移动学习并不只是关于技术或设备，它也不应该仅仅是电子学习课程的一个平台。相反，可以把移动学习看作一种在正确的时间点，为你的员工或消费者提供正确内容的最佳途径。事实上，鼓励员工去创造自己的内容，以支持同事间与社会上的学习机会，无疑是大有裨益的。"这为我们认识移动学习提供了一种新的角度。作者在书中还强调，通过使用移动设备来帮助学习者提升工作绩效，让移动学习成为公司学习工具箱中最突出的部分，成为支持员工和客户最周全的、最有远见的战略之一。这无疑对于我们推进组织学习变革具有启发性和指导性。

类似的真知灼见贯穿在整本书中。例如，作者提出："移动学习是 e-Learning 的移动版本吗？这是组织学习中经常出现的误区。"结合五大学习需求时刻，作者让我们认识到移动学习怎样才能去利用摄像头、视频、麦克风、位置获取设备、触摸屏、短信和其他设备的独特优势，去真正帮助员工学习。

本书的编撰也很用心，有很多信手拈来的案例，并通过关键术语、智能管理、应用技巧、举例、注意事项、防错、工具等辅助栏目帮助大家阅读。相信这本书会引导大家有效地创立和管理移动学习项目，帮助大家把握移动学习潜在机会，并成为大家的移动学习计划成功实施的必要工具。

读工具书已经好久没有这样的感动了，记得十多年前读彼得·圣吉《第五项修炼》的姊妹篇《变革之舞：学习型组织持续发展面临的挑战》时也有这种感动。好书让人百看不厌，也让人回味无穷。

知学云研究院院长　李　瑾

2016 年 2 月于北京

目　录

引 言

当我写完这本书的时候，我发现自己在回顾往昔。过去的20年中，很多事情都变了，无论是在学习与开发领域，还是在我自己的职业生涯。大约20多年前，在我职业刚起步的时候，我只是在为一个供应商做最终用户的软件培训师。基本上，我会培训一整天关于最新技术的课程，其实就是运行Windows95的个人电脑，使用办公软件的最早版本(Word、Excel和PowerPoint)，甚至还有因特网。是的，你没看错——因特网，请不要笑，这百分之百没说错。在过去，很多公司会对它们的员工提供因特网的培训——不是如何制作网页或编写代码，而是解释因特网到底是关于什么，例如如何查找咨询和下载文件。

我与大部分课堂培训师一样，真的很享受看到与学生的分享产生了不同效应的那一刻。你可以从他们的脸上看到，我们经常会说："当他们理解了的时候，他们看起来都神采奕奕。"当我在培训如何使用因特网的时候，它甚至超越了令人惊喜的感觉。对很多人来说，你可以看到他们对因特网的潜力以及因特网有可能从根本上改变他们工作的敬畏。对其他人来说，你可以看到他们很好奇，但同时又很抵制，因为对于因特网他们是如此的陌生。我甚至记得有人评论说因特网是不会长久的，因为那只是当时的科技时尚。天哪，难道不是他们错了吗?

自从我上学以来，我一直有幸参与各种各样学习解决方案的设计与开发，甚至一些获奖项目。我曾体验过上百的学习解决方案，我从来没有见过人们做出相同的反应。直到他们第一次接触到因特网时——也就是说，直到我开始向人们展示移动学习解决方案时。

很多人会马上见到随时随地得到学习机会的好处，并且可以设想在他们的公司使用。对于其他人来说，他们想象这种学习机会与其他旧的 e-Learning 一样，只显示在小屏幕上，同时可能需要关注其安全性。

不管你是否能够看到前景，还是保持中立，这本书都会引导你有效地创立和管理移动学习项目。我不仅把这本书视为开拓你对移动学习潜在视野的机会，也把它视为你的移动学习计划成功实施的必要工具。

本书的前四章我会集中为你提供一个移动学习的概述，把它视为本书全景式部分。第一章着重于移动学习行业的现状，包括使用率和移动技术如何改变着我们个人和企业的生活。第二章阐释了支持移动学习的业务驱动因素、利用移动学习的主要好处和管理项目时可能面临的挑战。第三章展示了移动学习的真实力量，包括驱使员工在工作中学习的因素和影响移动学习设计的关键。第四章把各种移动学习实践放在一起，以便你能为员工提供咨询(播客、视频、电子书、移动应用)、收集学习资料(评估、调查、投票)，并且促进项目参与者之间的交流与协作。你也会读到一些关于移动学习的新锐和创新的方法，包括游戏，通过身临其境的模拟，从而增强体验感。

第五章到第七章着重定义和记录移动学习战略和业务计划。这几个章节为创建和记录你的移动学习战略收集需求，为你的项目技术和环境因素提供一个框架。第八章帮助你决定是否要使用内部开发团队或与外部供应商合作，以使你的梦想变为现实。

最后三个章节着重在项目管理上。我们会讲到与你的利益相关者和开发团队工作，和可以用它来最大限度地降低项目风险、增加成功的移动学习可能性的战术。第九章着重在获得利益相关者的支持和提供确保符合他们的目标，以及降低项目风险的方法。第十章讲述开发团队将如何把你的移动学习解决方案带到生活中。本书也会带给你一些在开发过程中的见解和需要你注意的重要里程碑。第十一章在技术上提供了增加项目成功可能性的实用建议。我们会讨论你的移动学习解决方案和运行试点计划。我们会回顾如何确保无缝的项目沟通，和提示如何为你的移动学习项目选择合适的项目管理者。

特别说明

本系列书籍的题目都是旨在给你传递一种友好的、人性化的实用信息。本书章节包括了战术问题的处理和大量的实例。书籍还配备了众多的栏目，让你看到不同类型的具体信息。以下是你会在本书中发现的栏目的描述。

关键术语

每一个领域都有一些专业术语，包括移动学习领域。关键术语栏目会提供引用的术语和概念的定义。

智能管理

智能管理栏目的作用正如其名：给你在本书中所描述的战略和战术的智能应用的提示，这样你就可以有效地实现移动学习。

应用技巧

应用技巧栏目给你提示精明的管理者如何用它来执行书上描述的战术。

举　例

如何应用实例向读者显示本书的原则总是对读者有帮助的。例如栏目提供了插图，以及在各种情况下成功应用移动学习的案例研究。

注意事项

注意事项栏目提醒你在实施移动学习时可能出错的地方。

防　错

如何确保当你试图实现书中描述的技术时不犯错误？防错栏目会提供如何减少这种情况发生的风险的实用建议。

工　具

工具栏目以系统的方式，提供具体指导来实施本书中的技术。

第1章 移动学习概述

当我向观众介绍移动学习的时候，我经常开玩笑说我们的手机和其他移动设备已经成为我们 DNA 的一部分了。仔细想想，我们去哪都带着它们。它们总是开机的状态；平均每天我们要检查它们 34 次；没带手机我们就会变得惊慌；很多人在睡觉时会把它们放在一个伸手可及的地方。面对现实吧，移动设备似乎已经成为我们 DNA 的一部分了，并且影响着我们与周围的世界的互动。

移动设备的使用率

不管在哪里，人们都在用他们的手机和平板电脑，但是到底有多少人是移动电话用户呢？根据国际电信联盟的资料（2012 年 6 月），到 2011 年年末为止，一共有大约 60 亿移动用户。以全世界人口为 70 亿来说，60 亿代表超过 85%的世界人口是在使用手机了。哇！这是否意味着，几乎世界上每个人都有一部手机呢？也不能这样说，因为许多个人拥有多部手机。爱立信（2012 年 6 月）认为在 2012 年第一季度为止，实际拥有一部手机的人数约为 42 亿，所以拥有和使用手机的用户占世界总人口近 60%。

在这个全球员工不断增长的时代，我们来看看不同区域移动设备在全球的使用情况。Portio 研究（见表格 1－1）已经把移动电话普及率的全球分布分为 5 个地区。基于 2011 年的数据，未超过 100%普及率的 3 个地区是亚太、非洲和中东。预计到 2016 年，未超过100%普及率的地区会是非洲和中东，而它的手机普及率也已高达91.3%了。

表1-1 预计各地区手机普及率(百分比形式，2009—2016)

地区	手机普及率(百分比)							
	2009	2010	2011	2012F	2013F	2014F	2015F	2016F
欧洲	125.1	127.4	131.4	133.6	135.4	136.8	137.8	138.5
亚太地区	55.7	67.1	77.6	85.1	92	97.9	103.1	107.4
北美	92.1	98.1	102.6	106.7	110.3	113.4	116.0	118.1
拉丁美洲	84.7	93	100.4	106.7	110.9	113.5	115.5	116.1
非洲/中东	56.1	65	71.2	77.1	81.8	85.7	88.9	91.3
全世界	68.5	77.8	86.1	92.3	97.7	102.3	106.1	109.2

F=预测

来源：Protio研究有限公司

关键术语

平板电脑(Tablet)

一种轻量级的无线便携式电脑，形状如一个使用触摸屏或手写笔来访问信息的石板。平板电脑通常有Wi-Fi接入，而且很多型号都可以通过蜂窝网络访问互联网。

我们不仅看到，在2012年，世界超过一半的国家普及了移动电话。到2014年，在全球范围内的未来增长率将超过100%。我们还看到了移动通信技术是从古至今发展最快的技术(包括设备和移动软件)。

流量费用

目前在美国，移动运营商都脱离了无限数据业务。在写这篇文章的时候，在美国主要移动运营商中，Sprint是唯一一家仍然给新用户提供无限数据计划的运营商。这就暗示了数据业务的成本在直线上升。可事实上，每 MB 数据的成本自 2008 年以来一直在不断下降。Portio 研究预计这一趋势将会持续，到 2015 年，每 MB 数据的成本将为 0.01 美元（见图 1-1）。现在免费的 Wi-Fi 网络随处可见——从麦当劳到加油站。问题不在于该服务的成本，而是大多数人购买超出自己需求的数据业务，典型的美国移动用户每个月使用少于 2 个 GB 的数据。

图 1-1 每 MB 数据流量成本（全世界范围）

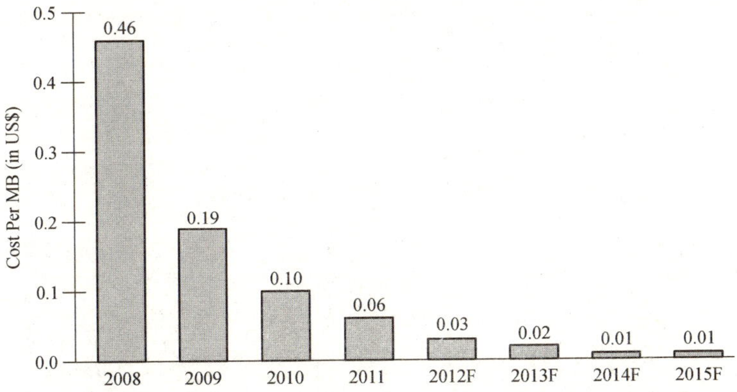

来源：Portio 研究有限公司

企业移动设备使用率

很多人都迷上了他们的移动设备，并且数据的成本也在下降。但企业会采用这种技术吗？还是这一切只是为了个人使用？根据 Gartner 研究，到 2014 年，企业支持员工使用智能手机和移动设备将是司空见惯。

除了支持企业内部的企业应用程序，企业也一直在使用社交媒体和移动技术与消费者链接。比如说，如果你在一家公司的脸书主页上点“赞”，这家公司可能会给你优惠券甚至免费产品。翻阅任何杂志或报纸的页面时，你会看到快速响应矩阵(QR)码。如果你用智能手机扫描它们，公司会在网站上给你更多的产品信息，甚至会重新定向让你观看视频。

如果你用智能手机在这里扫描图中的 QR 码，它会把你带到我的网站上去。如果你的手机还没有 QR 阅读器，可以去应用程序商店，搜索“QR reader”。

关键术语

智能手机(Smartphone)

运行移动计算机操作系统的一种手机。虽然功能各有不同，但通常包括(滑出式或触屏式)高分辨率的屏幕、高速互联网连接、GPS 位置服务、摄像头、视频和第三方应用程序。

快速响应矩阵码(QR code)

一个可以存储多达 4296 个字母数字字符的二维条形码，用户可以用智能手机和一些手机中访问。二维码摄像头和 QR 阅读器应用程序可以用来扫描代码。QR 码常见的用途包括共享公司的电话号码或文本内容，发送短信，连接你到网站和重新定向让你观看影片。

通过本章节中的信息，不难看出，移动技术不仅仅是目前最热门的技术，以后也会是。很多公司正在迅速(或有些没有)调整其 IT 战略，使其包括移动技术，来支持他们的内部应用以及客户需求。作为管理者，我们必须探讨如何利用这种技术，来更好地培训员工，让员工有更好的业绩，并告知我们的客户。

什么是移动学习

移动学习并不只是关于技术或设备，它也不是传递电子学习课程的一个主要机制。相反，移动学习应被看作一种在正确的时间点，为你的员工或消费者提供正确内容的途径。事实上，如果允许员工或者鼓励员工去创造自己的内容，以支持同事间与社会上的学习机会，无疑是大有裨益的。寻求新的方式来最大限度地提高移动设备的独特属性，来增强并延长学习的过程；最后，通过使用移动设备来帮助学习者提升工作绩效。让移动学习成为公司学习工具箱中最突出的部分，成为支持员工和客户最周全的、最有远见的战略之一。

关键术语

移动学习(Mobile learning)

任何允许个人在消费、交流及创建信息时更有效率的活动。通过一个定期携带、具有可靠的连接并适合放在口袋或钱包里的数码便携设备。鉴于移动学习还是一个发展中的领域，它的定义众多，这个从“360 度研究报告”(2007 年)的电子学习指南里摘取的定义，我觉得最适合。

移动学习设备

如今，各种移动设备提供不同的移动学习经验，并且这些技术之间的分界线很模糊。虽然我们很多人手中握有各种各样的移动设备，很快我们拥有唯一的设备就能满足所有的意愿。让我们来看看当今提供移动学习体验的一些技术。

便携式数码助理

便携式数码助理(PDA),许多高管长期的助手,正在濒临灭绝。它们也常常被称为"掌上电脑",主要用于个人组织和办公效率上。PDA 软件通常包括一个日历、地址簿、记事本、电子邮件、图像和/或视频显示。PDA 含有存储卡来保存数据,并使用 Wi-Fi 或蓝牙技术连接到互联网。因为它们连接不到蜂窝网络,跟其他更先进的技术相比,它们的网络访问是极其有限的。

功能手机

我常常把一个功能手机称为"愚蠢手机",因为它无法在移动计算平台上运行。一般来说,功能手机用于语音或短信沟通。由于其技术含量低,这些手机常常被忽视作为一个传递移动学习体验的方式。但是,正如我们在本书后面的讨论,短信是一个可以把学习内容分发到员工和客户的可行方法。所以,不要把功能手机排除在一个潜在的运载工具以外。

关键术语

功能手机(Feature phones)

包括语音服务以及发送和接收短信功能的手机。它还整合了侧式键盘、网页浏览以及摄像头等功能。

短　信(SMS)

SMS 代表短消息业务,允许文本消息(通常高达 160 字符,还有一些系统支持高达 224 个字符)在任何蜂窝网络上的手机之间发送。如果当信息发送时用户的移动电话没有打开,系统会在开机前一直保存消息。

便携式媒体播放器

便携式媒体播放器不只是让你听自己喜欢的音乐。许多企业都在创建播客系列，以此来向观众展现学习内容。通过利用订阅服务，企业可以在互联网上发布新的内容，以便给员工（或消费者）在他们的便利的时候收听或查看——不管是在地铁上，在健身房，或是在等待下一个预约。

智能手机

得益于智能手机，不管你身处何处，你可以从多个账户检查并同步你的电子邮件、听音乐、拍摄和分享照片和/或视频。为了获得乐趣和企业用途，利用 GPS 定位服务以及下载应用程序。虽然大多数现有的手机用户都只有一个功能手机，但这一定会迅速变化的。根据尼尔森调研数据，截至 2012 年 2 月，将近美国手机用户的 50%都有了智能手机。并且在 2012 年，超过三分之二的新手机购买者选择了智能手机，而不是功能手机。无论是作为一个通讯工具，还是作为用户生成的内容创建工具，智能手机在改变公司提供培训员工的方式方面存在着巨大的潜力。

关键术语

播　客（Podcast）

在互联网上可用的一个多媒体文件（音频、图像和/或视频），通常通过订阅服务，下载到便携式媒体播放器。自动提供新内容的订阅区分了播客和一个简单的下载或实时流。

平板电脑和电子书阅读器

平板电脑是智能手机和笔记本之间的桥梁。除了有许多个人电脑的功能，大多数平板电脑包含无线网络浏览功能、潜在的手机功能、GPS 导航和位置服务、视频摄像功能，以及 3～10 小时的电池寿命。平板电脑较大的屏幕尺寸，触摸屏技术和超长电池续航时间使其成为创建高度互动移动学习的一种有趣设备。电子阅读器是平板电脑的一个子集，比如 Kindle，主要用于存储和阅读书籍。电子阅读器的优点是可以在一台设备上拥有大量的文本内容，可以从任何位置，用专为阅读而设计的屏幕尺寸进行访问。

关键术语

电子书阅读器(e-reader)

一个可以无线连接去下载和阅读书籍、报纸、杂志、文档和 PDF 文件的设备。

手持式游戏系统

手持式游戏系统，例如任天堂 DS 或索尼 PSP，可用于部署高度互动的严肃学习游戏。这使我们能够在一个安全的环境里，从错误中吸取教训。这集所有功能于一身的便携式设备配有一个内置屏幕、传统的游戏控制、扬声器和可更换或充电的电池。与这里讨论的其他技术和高普及率的智能手机相比，这种技术可能会面临灭绝的危险，至少作为一个学习平台来说。

移动学习的误解与现实

关于移动学习，也存在着许多的误解或谬论。不幸的是，很多管理者让这些误解限制了他们对移动学习的认识。那么让我们一起澄清一些最常见的谬论吧。

屏幕和键盘都太小

这个误解假设所有的移动学习都是在手机上操作的。你可以利用各种各样的移动设备来提供有效的移动学习。当然，移动手机的屏幕是显然比其他传统设备小的。但如果他们有一个大屏幕，我们就不会把它们随身携带了。

每当我听到屏幕太小的时候，我的第一反应总是“太小了而不能做什么事情了吗？太小了而不能上传统的电子学习课程了吗？”对，我完全同意。但记住，移动学习不过是你电子学习的另一种学习方法。当然，企业正在把现有的电子学习库转换成手机版。但这通常是为了给用户提供他们将怎样上这节课的另一选择。

公司不能为所有员工提供设备

大部分公司没有办法为这样一笔开销做出合理的解释，然而很多时候最好的解释就是购买设备。比如用于培训销售的平板电脑或是新员工培训计划。也许大多数员工或消费者已经有了他们亲自挑选的某种移动设备。而最重要的是，他们已经随身携带了。所以为什么要担心是不是提供设备呢？考虑允许你的员工携带自己的设备(BYOD)，而你又可以在多个平台上运行开发学习经验。

移动学习必须高度互动

移动学习也存在有高水平交互性的时间和地方，但不是所有的移动解决方案是或者应该是高度交互的。移动学习的一个好处是能够在学习者需要的时刻帮助他们解决问题。比如说：视频没有互动，但是，它们有利于观察程序执行的过程，而不是真的完成任务。另一个有效被动学习的例子会是设备上有文件、手册或工作辅助工具。

举 例

被动学习的行动

多年来，我一直在海边看到人们花式滑水，并且总有渴望学习滑水的人。不幸的是，我有一个小小的障碍：我不认识任何教练。在 Mark Twain 湖的长假期间，我认为我已不再年轻，所以我准备给移动学习一次机会。我拿出我的 ipad，连接到我的蜂窝网络，并在互联网上搜索“学习滑水”。我找到了很多关于这个主题的视频和网站。我开始观看 YouTube 视频，想在动作中学到基本知识。在我的搜索中，我还发现了一个网站，它列出了滑水的 10 个基本步骤。以供将来学习参考，我及时通过电子邮件把链接发送给了自己。

当我们在湖边寻找一个安静的地方时，我坐在船的后面，开始研究发送在 iPhone 上的 10 个步骤。很快我们就找到一个地方可以试着滑水。当我把滑板系到船上，滑板在水上漂浮，我紧张地在脑海里把步骤最后记一次。我在心里对自己说，机不可失，勿失良机，于是我大喊“Hollywood”（我们的代码字，意思是准备好了）。船动了，我惊奇地发现我是站着的，我感到穿过水像是一个热刀切穿过一根黄油一般。仿佛是回到了童年一样，我后悔没有早点采用移动学习这种学习方式。

移动学习一定要与 SCORM 兼容

对于移动学习来说，SCORM 兼容是一个复杂的、非常棘手的问题。大多数管理者不会真正在意 SCORM，他们只是希望能够从学习计划中收集可靠的跟踪信息和评估数据。幸运的是，大多数成熟的移动学习工具允许在不处理 SCORM 的条件下保存跟踪到的数据，之后可以与其他学习系统以及其他内部系统整合。

关键术语

SCORM 共享内容对象参考模型

SCORM 是一组用来定义在线学习的学习内容和学习管理系统之间通讯的标准和规范。

移动学习的开发很耗时，且费用高昂

每当我听到这样的误解，我会马上问："你在创建什么样的移动学习体验？它的意图是什么？"虽然说正规的游戏和外部开发的应用程序成本很高，大部分情况下并不是这样的。很多工具可用来开发和提供低成本效益的解决方案，并且当该领域不断成熟时，这一趋势也会不断发展成熟。这类误解也假设所有的内容将由 IT（技术）部门或人力资源部门提供。考虑一下让关键的销售人员记录视频，分享他们成功五大秘诀的好处吧。记住：移动学习不一定要有专业的生产质量和高保真音质才能有效。在移动设备上的点对点学习也是能够提供出色内容的最有效途径之一。

人们不想要移动学习体验

观察一下周围的公共场所，这类误解就可以被消除。移动设备已远不仅是一个沟通工具。你会看到人们在移动设备上读书、玩游戏、读报纸、在因特网上搜索信息，登录他们的电子邮件、听音乐或是在社交服务平台上交流，比如脸书或是推特。为什么我们不将这一相同的技术作为学习工具，使其随时随地地为我们提供信息呢？让我们面对现实吧。我们的社会已经发展到了要期待移动体验的时候，并且我们的程序必须包括这一元素。

举 例

在必要时学习

我的朋友瑞安最近才从纽约——那个有着复杂的公共交通系统的地方——旅游回来。这让我想起了第一次在纽约坐地铁的经历。我当时一直在想："我应该坐哪一个颜色的地铁呢？我什么时候要换线？我坐的地铁开的是正确的方向吗？"我虽然很喜欢地铁的便利、低成本和快捷，但对于一个旅游者来说并不是最简单的交通系统。所以我问瑞安他有没有关于地铁走向的困扰。他一脸疑惑地回答我说："我为什么会有这样的困扰呢？我的 iPhone 里有地铁走向的应用程序啊。"我听完后心里想，"我在学校很努力地学习，而瑞安却在必要时从一个智能手机和应用程序中得到了相同的内容。"

管理者的必读清单

☑ 移动科技(设备和辅助软件)是历史上发展最快的科技。目前超过60%的世界人口使用移动数据服务,并且数据服务的成本正在下降。

☑ 移动学习不是简单地把电子学习课程加载在你的移动手机上。

☑ 移动学习利用设备的独特属性和便携性的优点来创建新的和独特的学习体验。

☑ 了解移动学习潜在的障碍,但不要让谬论和误解阻止你利用这个强大的工具。

☑ 不同设备提供移动学习之间的差别越来越模糊。在将来,现有的设备将被一台具有全部功能的设备所替代。

第2章 移动学习时代已经来临

作为一个社会,我们已经接受了移动科技。花点时间,想一想移动科技是如何提高我们生活水平的。可能你和你的家庭、朋友还在保持联系,是通过在脸书上更新你的生活状态和照片来实现的。或许你因为找到了附近最便宜的加油站而省了不少钱,也可能你抽空在附近新开的餐馆订了位置,然后利用手机一步步地导航到了那里。

可以说,在社会层面,我们为移动设备和它们产生的效益而着迷。如果你还没有开始考虑如何在你的培训策略中利用这个有力工具,现在绝对是开始使用的好时候。

除了个人使用的原因,我们为什么要现在就采取行动将移动学习纳入我们的培训计划中呢?在这一章中,我们会发表关键的数据来说明如今是行动的时候了。我们会回答这样的问题:为什么公司要整体实施移动学习?什么是在培训战略中融入移动学习的关键业务驱动因素?什么是移动学习带来的独特益处?最后,我们会提供一些在实施移动学习解决方案时的关键挑战点。让我们先从移动学习的业务驱动因素开始吧。

移动学习的业务驱动因素

是什么因素激励我们从业务的角度来实现移动学习？我想有以下三点因素。第一，移动学习可以更好地配合我们现代的人力资源。第二，移动学习可以提高员工们的工作表现。第三，移动学习可以提升整体组织培训的影响力。让我们来细看一下以上的三个业务驱动因素吧。所有的因素都成就了后来我们称之为的“移动员工”。

配合现代人力资源

随着时间的变化，我们的人力资源也在不断变化。为了保持成功，我们必须不断地适应新的工作环境。如今工作环境中最大的变化及挑战之一是千禧年代（指 1980 年后出生的人）的加入，他们的工作方式和现有员工的工作方式差异显着。在美国，我们通常把人口群体称为四类：传统主义者（或“沉默的一代”）、婴儿潮一代、X 世代、和最新加入人力资源的千禧一代，也被称为“Y 世代”。如下是四代人口的列表和他们出生的年份。

世代	出生年份
传统主义者	1928～1945
婴儿潮一代	1946～1964
X 世代	1965～1980
千禧一代	1981 以后

千禧一代构成了如今人力资源的约 25%，并且呈每年百分比逐渐增加的现状，公司有大量科技达人存在，他们是在与其他世代不同

的世界中长大。对于千禧一代来说，不仅他们的整个生活沉浸在无时无刻的高科技基础上，他们还看到了这些技术的不断演变。

想象一下：这一代人很有可能从来没有听过或看过 45 转唱片，从来没有为他们的男朋友或女朋友花时间创建过一个混合型的特殊歌曲。他们的父母从来没有告诉他们出门要带上硬币，以防万一遇到紧急情况他们需要打付费电话来寻求帮助。相反，这一代人听的是没有静态记录针的 DVD。他们能很快地在因特网上搜索到自己喜欢的音乐，并且下载下来，创建一个可以和朋友共享的数码播放列表。他们不用为了快进到下一首喜欢的歌曲后暂停快进。他们没有必要为了打付费电话而携带硬币。现在已经几乎找不到付费电话了，他们都会有一个不离口袋的移动手机了。这一代人几乎不会用座机来打电话，他们之间沟通的主要途径是短信。

智能管理

拥抱时代差异

我经常说千禧一代和我们其他人之间的连接是不同，现在的研究也向我们展示了这句话的真实性。他们的大脑由于技术的不断影响而不断进化。在当下的工作环境中，我们经常听到管理者发出这样的声明："员工需要照着我们给出的方法去做"或者"在这儿，事情不是这样解决的。"当与千禧一代一起工作时，我建议管理者从另外一个角度思考问题。管理人员需要熟悉这一代人的生活体验，以及如何有效地让他们的工作生活中发挥自己的特长。他们出生的第一天开始就被高科技所包围，不管是玩游戏的方式、学习的方式，还是与他人交流的方式。这是一代不用笔写字，而是用键盘打字的人群，这是一代处在多任务模式，可以在片刻通知后从一个任务转到另一个任务的人群。这是一代朋友不只是局限于周围邻居、学校或周围城市的人群。他们的社交网是他们的生命线。在处理问题时，包括工作难题，千禧一代会毫不犹豫地上网寻求帮助。

这是一代期望与他们一起工作的人至少和他们一样精通高科技的人群。如果我们不创建一个支持这一代人专业成长的工作环境，他们会跳槽到其他支持他们发展的公司。当你在设计你的学习方案的时候，不仅要了解千禧一代之间是如何"连接"的，也要把他们纳入你的学习方案的设计与发展过程中。我并不是建议专门只为他们设计学习方案，而是从现代人力资源发展中采取措施，来提高公司员工在工作中的表现和生产力。

移动办公

移动办公不仅是关乎千禧一代，而是关乎我们所有人，移动办公已经在工作时间和地点上改变了我们传统的工作方式。对于大多数员工来说，每天早上 9 点上班，晚上 5 点下班，在公司午餐休息的时间表已经早就不存在了。

作为顾问，我接触到各种各样的工作环境。我观察到，如今员工工作有最常见的三种方式：第一种，很多员工不会每天都去办公室了。相反，他们在远程地点工作，比如在家，只有当面对面交流是他们达成目标的最佳途径时才会进办公室。第二种，员工融合了公司办公室和在路上时间之间的时间，可以在客户处办公，也可以在远程办公地。第三种，员工工作的大部分工作时间在传统企业环境，但是他们花时间远离办公室，通过手机和电子邮件保持联系。

在如今的竞争环境下，我们需要用更少的资源做更多的事。根据国际数据公司(IDC)"2011 — 2015 年全球移动工作者人口预测"的数据，在 2010 年，大约 75%的北美劳动力在每天的工作中会使用智能手机、平板电脑，或两者结合。IDC 预测到 2015 年，世界移动员工将会达到 13 个亿，这个数字是世界总企业员工的三分之一。这个数字是惊人的，随时随地，想方设法地支持我们的员工是管理者的职责。

提高工作绩效

要在当今的市场上具有竞争力，我们需要找到能提高生产率的方法。但在这样繁忙的世界，我们共同的主题是需要更多的时间。在工作中，我们感到要在更短的时间内做更多工作的压力。在繁忙的家庭生活中，我们经常开车送孩子去一个接一个的课外活动、志愿活动、体能训练。工作生活和家庭生活之间的界线是模糊的，我们也经常利用碎片时间完成我们的待办清单中的事项。

让我分享一个自己的故事吧。

我当时正要出差去拉斯维加斯参加一个学习会议，要向一批人力资源方面的专家做一个题目为“在工作中满足千禧一代的需求”的演讲。那时是凌晨 3∶30 分，我才喝完手中的第一杯咖啡。我叫的车到了门口，但不幸的是，塞车比我们预期的更严重。我坐在车后座上，脑海中开始浏览我的任务。我的第一想法是先要登机。我原本的计划是到了机场再登机，但是现在时间才是关键。我拿起了 iPhone，开启美国航空的应用程序。我不仅在网上值机了，还把我的登机牌保存在了手机里。我在应用程序上，查了头等舱升级的名单，看了一下多少人在我之前申请了升级机舱。我是第二个，所以有可能我可以嵌入一个免费升级呢。太好了！现在我不用再过安检了。好了，任何有关机场的事宜都在手机上完成了。

现在我需要查看从机场到宾馆的最短路线。如果你不指定哪条路的话，拉斯维加斯的出租车司机是出了名会带你走最绕的路的。我手里握着手机，上网查了路线图，并且查到了我要告诉出租车司机开的路线是经过“天堂路”的。之后我又收到了从美国航空发来的短信告知我的登机口已更换，但是航班还是准时起飞。几分钟之后，我到了机场并直奔安检口。我扫描了我的电子登机牌，出示了我的个人证件，然后登机。当其他的乘客正在陆续登机时，我使用手机应用程序在晚上 7∶45 的时候订了一个六位的餐桌。当空中乘务员声明登机口已被关闭，我们必须关闭一切电子设备的时候，我点了电子邮件上的发送按钮，这样我的晚餐同伴就可以提前知道我们晚上的详细计划了。

当飞机正在飞行中，我回想了在起飞前我完成的事项：登机牌，换登机口通知，从机场到宾馆的路线导航，晚餐订位，还发了电子邮件给晚餐同伴们。在这以前的时间都没有如此充实过。

通过移动学习提高工作效率不仅仅是把这些时刻转为有生产效率的时间，还包括在一个高品质的空间，找到用工具和力量来提高和加快员工的工作效率的方法，在他们最需要的时刻提供给他们。如何利用移动技术来实现这一目标呢？本书会在第四章详细讨论这个问题，但是，现在我认为我们必须承认我们要努力提高业绩，而移动科技则是能够帮助我们的好方法。

增加培训的影响力

我们都希望培训计划对我们的组织起到最大的积极影响。我们不断地挑战，创造一个大家都参与且有效的培训环境，使学习者可以快速地在工作中应用所学到的知识。

增加培训影响力的一种方式是使用移动设备来弥补我们的弱点。让我们来看一下人们最常见的弱点：我们的记忆力，具体指的是我们回忆事实和很多信息的能力。少数人拥有一些记忆的诀窍，但对于我们中的大部分人来说，记忆绝对不是我们的强项。然而，移动设备的设计是用于存储和快速一键触摸召回信息的。回想一下，我们需要提供多少信息给我们的学习者以应用到工作上？如果公司在需要员工不仅要记住，还要在工作中应用这些信息的时候提供了一些移动性能支持，你能想象出这类培训的影响力吗？

移动学习能够影响你培训的有效性的关键点包括：

- 提高学习者的参与度，并促进主动学习。
- 增加保留和应用的内容，将其间隔分布在一段时间内，而不是让学习者一次吸收全部内容。
- 建立让员工在社区分享最佳实践的意识。

■ 通过社会学习和/或用户生成内容,鼓励学习者反思自己的学习。

■ 为学习者提供内容,培养快速应用他们所学知识的能力。

移动学习的益处

上述内容讨论了实现移动学习的三个主要业务驱动因素(支持现代人力资源、增强工作效益和增加培训的影响力),让我们来看一下移动学习的好处吧。当我们考虑移动学习的好处时,我们会着重于移动装置带来的独特属性和特征。在阅读之前,花点时间,回想一下有什么是你可以在移动设备上完成而无法在计算机上或在教室里完成的。

随时随地

因为移动设备是可以随身携带的,我们可以随时随地给学习者提供学习内容。比如说,这个时间可以是晚上 7 点,当你在餐馆享受晚餐的时候,也可以是早上 5∶30 在你晨练的时候,或者可以是上午 11∶15 当你在准备 15 分钟后的电话销售时。随时随地是一个让员工参与培训经验的好方法。随时随地使得员工利用这些优势,将零碎时间瞬间转化为生产力。

时间刚刚好

每当我听到这个短语的时候,我不禁想象一个超级英雄在空中飞翔拯救世界,说实话,这其实离事实不远。想象一下,在你的学习者正需要的时刻,你正好提供给他们关键的学习或业绩支撑的片段——此时,他们正在执行任务。通过在正确的时刻为他们提供正确的内容,你会帮助员工在他们最需要的时刻更快、更有效率的执行任务。或许这没有一个超级英雄拯救世界那么充满戏剧性，但如果你能在学习者最需要的时候提供信息和支持，你不仅救了他们的一天，也救了公司的一天。这样你就可以放心，你的员工将能够迅速做出最好的决定工作效率也最大化。这是移动学习一个极其强大的好处。

具体地点和语境的内容

你有没有类似的经历：在智能手机上打开一个应用程序，但该程序要求你必须打开定位的服务来运行该应用程序。你有没有看到过一类消息框，询问你是否想在你的社交网络上与他人分享所在位置，比如在脸书或推特。移动设备的一个独特属性是利用GPS技术和定位应用程序的能力。想一下，当高科技不仅知道我们的物理位置，也知道我们正在设备的屏幕上寻找的东西的时候，我们手中握着多大的能量。我们可以提供给学习者的内容是不可思议的。

数据采集

我们都听过，知识是企业的力量，数据就是让我们做出最好决定所提供的情报。在移动学习中，有两种主要方法来体现数据采集的好处。

学习者可以提供他/她采集到的数据，把信息发送给另一个人去审核，提出反馈意见，批准并采取进一步行动。比如说，一个销售人员完成了一个远程任务，例如适当地在商店里设置端架（在过道的末端展示产品）。当这个销售人员认为自己已经正确摆放所有在货架上的产品时，他把成果照了照片并发送给自己的导师或管理者去审核并提出反馈意见。该营业员并不局限于他工作的静止图像，他也可以用他移动设备上的摄像机或音频记录功能，收集现场数据并为他的管理者提供远程学习活动的证据或数据。

FOR EXAMPLE

举 例

了解夜空

我一直很想了解天文学，而且当我还是一个孩子的时候，我经常趴在我家后院凝视夜空。上大学时，我认真地回想过去上天文学的课程，可是当我发现课程涉及大量数学知识的时候，我打消了这个念头。所以我学习天文学的梦想就被抛到了脑后——直到我买了我的第一台 iPad，下载了星光大道，一个现实版教你认识恒星、星座和行星的应用程序。现在当我对着夜空凝视时，我只是握着我的 iPad 向着夜空，程序会把一切都显示出来，甚至会带给我一次当天晚上的天空之旅。这一切都归功于移动技术和定位服务。

因此，采集数据可以带来的第二种益处是从学习者在移动设备与网络上的互动来追踪信息。例如，你可以追踪到学习者是如何用移动设备来学习的，哪一个考试问题是他/她最难答对的，并且可以看到他/她是如何应对挑战的。

延长学习过程

在一个典型的教师指导的培训课程上，在他们走出教室门的时候，学生们就很可能会忘记约 50%的所学内容。教师很有可能会在一次提供给学生们太多的信息。所以如果学生们没有应用或思考这些知识点的话，他们会慢慢忘记所有的知识点。

移动学习通过分散学习内容，延长了学习的过程。这可以通过用移动解决方案与现有程序的融合来实现。学生需要运用在课程中学到的知识来参加考试。从学生的解答中，你可以即时跟进、反馈，甚至可以给他们发送新知识的链接，帮助他们了解正确的解答方案。

应用技巧

总 述

总的来说，当你以这种或那种方式认真思考这些事，所有的这些学习的好处都围绕着提高员工的生产力和/或工作表现。以下是提高你员工的生产力和/或工作表现的一些方法：

- 把看似无用的时间转成高效率的学习时间。
- 提供对关键信息的直接访问，使学习者作出明智的决定。
- 通过适当的时刻提供简短的、有针对性的情境教育内容，来提高学习者工作所需内容的应用。
- 提高员工之间的协作，例如通过共享最佳实践提高效率。

移动学习的挑战

和任何新技术的应用一样，道路总不会平坦无夷。除了要克服第一章中所陈述的谬论和误解，当你推出新的学习解决方案时，你可能会面临以下一些挑战：成本、变更管理，以及内部系统的数据整合。本章不仅会告诉你最常出现的挑战，也会告诉你克服它们的方法。

挑战：成本

当高管们想到移动学习，他们首要关注的问题之一是与实施解决方案相关的成本问题。常见的成本相关的问题包括：

- 把现有的课程重建成移动格式要花多少钱？
- 我们将需要购买新的开发工具来创建移动学习吗？
- 员工需要做这些新工具的培训吗？
- 他们花费在学习工具与其他内部系统整合的成本是多少？
- 公司一定要给每一位员工买移动设备吗？

虽然所有这些问题都是有效的，并且应该在进入一个全面移动学习的部署之前进行评估，但它们不应该被看作是交易的阻碍。

如果你面对移动学习高成本的挑战，考虑一下：在很多情况下，移动学习可以比传统的学习经验更有成本效益，例如教师指导的培训和电子教学。当讲到成本的时候，想一想你的公司如何省钱，或通过利用移动学习赚钱。

比如，减少员工在教室学习的时间并增加他们工作的时间的话，公司会省多少钱呢？假使一个销售人员可以比平时快一倍地结束交易，是因为他在与潜在客户交流的时候手中已经掌握了关键的销售情报，会是怎样呢？这样缩短销售周期会省下多少钱呢？当你为了增强工作效率而设计移动解决方案的时候，问一下你自己，“收益大于成本吗？”你会发现确实如此。

挑战：更换管理

当实施移动学习解决方案的时候，一个必须提前解决的关键挑战是推出新技术时会发生的组织变革。我的第一个建议是指派一个人掌控并且负责管理变革过程。这样的一个变革需要频繁给员工发信息，强调推出给大家的好处，在部署过程中提供的支持类型，和员工应该如何提出反馈来提高这个技术。如果你的公司有一个激励计划，你应该解释该举措是如何融入激励计划的。

防 错

确保成功

当推出一项新技术时，很多公司常出现的错误是推出很久后才开始跟他们的员工进行交流。你要确保得到员工的支持，他们要理解这项技术是“什么”和“为什么”要实施这项技术。他们要理解这项技术将如何影响他们的工作。记住，当你的员工都理解“这对于我来说是什么”的时候，他们会接受这样的变化的。

挑战：整合到内部系统数据

管理者在推出新的移动学习计划时面临的一个挑战是用户数据的收集和与传统企业制度的整合。这些制度可能包括人才管理系统、人力资源信息系统，甚至学习管理系统（LMS）。虽然数据整合是一个挑战，你可以使用各种方法去完成这一点，从模板到单点登录过程，再到应用程序接口（API），都是可选的方法。

关键术语

学习管理系统（LMS）

一个企业级的软件程序，可用于管理企业学习计划，包括行政、课程访问、跟踪和报告。

应用程序接口（API）

一个表示接口软件程序、网络服务、或以允许系统之间通信模块装置的特殊书面形式。

与你的 IT 部门合作来应对这一挑战，并让 IT 部门介入关于跟踪、存储和各系统之间共享数据的关键谈话。你需要确认 IT 部门理解现有系统与你想要整合的新数据的细微差别。很多情况下，IT 部门会建议你允许一个特定的业务单位合作伙伴的加入。例如人力资源或学习和发展部门，因为这些部门可能对系统有一个更好的功能性理解，或者很多时候是你需要集成新数据的技术拥有者。

移动学习的商业案例

现在你已经理解了主要业务驱动因素、由此产生的潜在利益和实现移动学习解决方案时可能面临的挑战，我们来看一下完成你的商业案例的必要条件吧。当你看到后面的章节时，会发现我们是一步一步阐述每个过程的。实际上，当你看完这整本书的时候，你不仅能够写出一个能通过批准的可靠的商业案例，还会拥有一个确保移动学习成功实施的计划。

编写商业案例时需要解答的问题

工 具

在编写关于采用移动学习系统的商业案例时，你需要能够回答以下的问题：

- 你正在解决的业务问题是什么？
- 当前公司的状态是什么？主动使用移动学习的对组织有什么影响？
- 如果是你在解决问题，你认为公司的未来状态是怎样的？
- 公司未来状态的成功标准和指标是什么？
- 你提供的方案是怎样解决问题的？你又怎样来衡量成功呢？
- 什么是具体到业务问题的移动学习的核心驱动因素，效益和挑战？
- 这个解决方案的短期目标和长期目标各是什么？
- 还需要额外的资源来实施解决方案吗？
- 通过实施这个解决方案，你预期的投资回报是什么？

当我开始和客户请教设计和开发定制学习解决方案的时候，我不确定是否要记录商业案例。我一直觉得这是一个艰巨的任务。但突然有一天，我觉得它看起来也没有那么艰巨。一个成功的商业案例也会给我们机会向客户解释在一个特定业务问题背景下的状态，并且与描述期望的未来状况比较，它还包括主要目标和成功标准。我们可以视觉化地解释这个解决方案，包括收益、成功指标、过程中的挑战、预算以及所需的时间。我现在把商业案例看作一个通过获得对当前状态看法来分享我对未来状态愿景的机会。

管理者的必读清单

☑ 移动学习提供了一个支持我们现代工作环境的方式，包括被称为高频率使用移动设备的千禧一代。

☑ 移动学习提供了一个提高员工工作表现的途径。

☑ 移动学习提高公司的整体效益，并影响我们的培训解决方案。

☑ 移动学习的好处包括随时随地访问学习内容，时间上刚好的培训机会和业绩支撑，为员工提供符合工作情景的具体内容，提高数据收集的机会，和以延长学习过程来增加对组织的影响。

☑ 当部署移动学习时，你可能会面临的挑战包括前期开发成本，与传统系统的数据整合，以及让员工跟上公司发生变化的速度。

第3章 思考培训的新视角

学习和创新需要同时进行。成功的野心就是去回想你昨天做的什么事情会提高明天的效率。

——威廉·波拉德(Willian Pollard)

引自威廉·波拉德的这段文字对培训解决方案和移动学习理解是非常有意义的。当一种新兴科技兴起的时候,这些科技手段可以帮助我们训练员工,我们的直觉引领我们像使用这些新科技就像它之前引领我们使用之前的科技一样。下面我们用一些例子来验证一下。在20世纪80年代和20世纪90年代,很多政府机关或非盈利机构等组织利用了视频影音技术来取代了导师授课方式的训练。在20世纪90年代末至21世纪初,很多公司也认为多媒体学习可以用来代替导师授课。但是在现实生活里,这些选择用多媒体教学完全代替导师授课的尝试并没有达到大家预期的效果。

导师授课和多媒体教学这两种传授方式都并不能让学习者很好地学习、记忆和应用所学到的知识。经过长时间的适应和融合各种新的技术,很多组织认识到了不能照搬各种科技手段,而是需要发挥各种技术的长处。比如说,多媒体在今天的优势是在于展示各种复杂的工序与过程,导师授课如果不借助多媒体去展示,是很难靠语言和板书来展示给员工或者学生们看的。多媒体的核心优势就是在于它可以比较容易地完成各种视觉上的直观展示。

关键术语

师徒制(Instructor—led training)

一种在正式的、固定环境里面的训练。学习者和导师处于同一地点和时间。这包括所有的在教室里面的训练、小班教学和大课堂授课。

我们能从所犯的错误中学习到有用的东西吗？我们是否一直在寻找新的培训方式来支持我们的员工？我们现在是否为了更多运用 e-Learning，将移动学习当作它的一种方式。我们是不是只看到了移动学习的一点优势呢？我们有没有跳出可以给员工提供培训的机会这种局限性想法？我们现在是否只是在尝试使用新的科技手段去提供培训，但是培训的内容和我们以前提供的内容没有什么区别？

在这一章节里面，我们会告诉你，创建移动版本作为 e-Learning 解决方案是否是使用新技术的最好方式。我们会来看看什么情况下真的会对学习者有所帮助。下面我们先来讨论，企业是否真的需要将现有的 e-Learning 培训方式转换成移动学习。

应该创建 e-Learning 的移动版本吗

当我在会议上讲话的时候，我通常会开始前 45 分钟到场。我的习惯是在开会前确认所有的设备都运转顺利。同时，这也让我有机会跟那些早到的学员进行面对面的交流，这样也可以摸清楚他们期待的内容与我所准备的内容是否相符。一天早上，我正准备开讲有关移动学习的内容，当我漫步到教室的时候，我惊讶地发现其中一位学员已经到了。经过一段闲聊，我开始准备授课所需要用到的设备，这位学员问我：“我觉得这个问题有点傻而且你也会引用到一会的课上，但是我还是想问一下移动学习到底是什么？根据我的理解，移动学习就是我现在可以在手机上学，我以前必须要坐在电脑前学习的专业内容。”我停下我手上的事情回答他：“天啊，我希望移动学习能让你体验到得并不只有这些，否则就太可怕了。”他很快就同意我所说的话了。我向他保证我会跟他更加深入讨论移动学习的同时，还和他强调了移动学习不只是在智能手机上学习课程。

当人们第一次听到移动学习这个专业术语的时候，人们就开始想怎么利用移动学习的优势，开始将移动学习看作一个新的学习技能和获得信息的途径，这是一个非常普遍的想法。但是将移动学习仅仅当作是 e-Learning 的一种新方式，这难道就是移动学习的全部了吗？

我个人觉得在大多数情况下，大家并不应该将移动学习仅仅作为 e-Learning 的一种新途径。我并不赞同移动学习是将学习内容从某种媒介（比如台式电脑）转移到另外一种可以移动的形式上，比如手机。我也不太能理解为什么我们会想到要使用一项新技术去达成一些与过去相同的目标。

思考一下你提供给员工以 e-Learning 形式出现的培训内容。你能想象到你的员工用手机看这些内容的时候是什么样的情形吗？虽然现在市面上很多商家都在尝试着将很多培训授课的内容转化成移动端版本，但是大部分情况下，花在这上面的成本并没有被利益最大化。如果说将 e-Learning 的内容转化成移动学习版本，那么移动学习的好处在哪？移动学习为我们提供了一个重新思考我们应该如何传递训练内容给员工的机会。在我们讨论移动学习的细节和怎样完全利用移动学习的优势之前，我们先来看看在工作环境中学习过程是什么时候开展起来的。

注意事项

转化学习内容

管理者们通常会犯的一种常见的错误是，他们相信他们能很有效率地转变学习内容的方式。请思考一下：你会不会为你的学员将面对面的小班教学转变成多媒体影音录像教学呢？为什么？总的来说，在传授相同内容的情况下，你把你的员工从工作岗位中抽调出来，让他们聚集到一个房间里其实是更能节省支出的。当然，你也可以让他们能在方便的时候去看多媒体语音授课，但是这一定不是一个正确的选择。

在这个例子里面，我们完全提升了学习者的体验和影响了潜在的学习结果，这也是我们当初想达到的目标。学员与授课者的互动和身临其境的学习是完全不同于多媒体语音教学的。相比于多媒体语言教学，学员与授课者的互动，还有学员之间的互动是有巨大优势的。如果你选择了将导师授课方式转化成多媒体语音教学，你的学员会损失掉了自主思考学习材料和与人交流的机会。这种转化是将主动学习转化成了被动学习。学员会有很大机会掌握不了学习目标，而且还不能将他们从多媒体语音里学习到的内容应用到他们的工作中。

请记住：学习方式的设计是为了更好地传授学习内容。这条定律同样适用于移动学习。不要轻易地认为相同学习内容可以在被转化成不同的传授方式的同时，仍然能保持着相同的效果。

工作场所的学习发生在什么时候

在这个小节里，我们主要看两点。第一，我们先来看企业提供给员工培训机会的 5 个主要途径。这些途径并不是所有的培训途径，但它们是现在我们最常见的。然后我们会讨论在什么情况下员工最有动力在工作中去学习新的技能与内容。

工具

在将学习内容转换成移动端版本前你需要思考的问题

这是一些在你即将将 e-Learning 转化成移动端学习内容之前，你应该问你自己的几个问题。第一，你想将 e-Learning 课程转化成移动端版本课程的是什么内容？比如说，在课程结束后，你会期望你的员工会有行为上的改变吗？如果你的答案是肯定的，那么你将这个课程转化成移动端版本的这个想法将是错误的。如果你的动机是让学员了解一些最基础的内容，那么你想将这个课程转化成移动端版本这个想法就是正确的。即使如此，你还需要考虑你的员工会用什么样的方式进入到这些学习内容里面。

你会期望你的员工在平板电脑上还是在智能手机上学习这门课程呢？如果智能手机是你的答案，那么你需要继续问自己这个问题：员工用智能手机来学这个课程和用基于台式电脑的电子版形式学习这个课程的体验会是一样的吗？在大多数情况下，答案其实是否定的。如果这个问题的一开始，你的答案是平板电脑的话，那么你有很大机会成功地将电子版的培训内容转化成新的学习体验。我会极力推荐你不要把这种经验简单的运用到 e-Learning 移动学习版本。第一，移动学习意味着学习者和学习设备都是可移动的。第二，移动学习是一个关于基于“移动”的独特体验。所以说移动学习并不只是一个新的投放内容的方式。

企业提供给员工的培训机会

第一种培训方式是导师授课式培训。组织常常会让他们的员工暂时离开工作岗位到别的地方去学习新的技能，这些课程都是由专业的导师带领他们进行的。这种方式也持续了几十年。一些课程是公开的课程，内容和培训时间都是提前设置好的；另一些则是公司内部的培训课程，内容与时间都是为公司员工量身定做的，有着特定目标和需求的课程。

如果员工需要提高他们在特定领域的技能，比如说用 Microsoft Excel 写一些复杂的公式，通常情况下员工会选择拿一些全日制的 Excel 软件提高课程。在这些全日制的课程里面，员工们会接受大量的编写公式训练，但是这些训练并没有直接联系到他们工作上的内容，仅仅学习了编写公式的技能。

注意事项

首先重视交付方式

管理者常犯的一个错误就是将培训只是看成他们手上的一个培训方案。他们假定交付方式必须是最能解决他们难题的。

在培训中，没有万能的高招，每一种方式都有它的优势和缺点，要确保支付方式或混合式解决方案能最大效果地解决你的商业问题。

对于他们每天所接受的编写公式培训，他们只学到了一些写公式的技术和进行一些练习，但是他们可能并没有学到他们实际工作上所需要用到的公式。他们也没有机会在工作上去实践他们在课堂上所接触到的公式。在导师授课式的培训课程里，基本上在课程结束后，学员们会马上忘掉 50%的课堂内容。他们忘记的内容的百分比会随着他们对新知识使用的机会减少而大大增加。另外，学员们还有一项课后任务，就是需要将他们在课堂上所学到的知识转化成他们能在工作上使用的技能。

另外一种比较常见的培训方式是 e-Learning 课程。当我们应用 e-Learnig 课程的时候，我们并不需要要求员工们离开工作岗位，只需要在他们工作间的空闲时间里面抽出时间，在他们办公桌上就可以完成这些培训。有一些企业允许他们的员工在家里或者工作以外的地方学习 e-Learning 课程。这种可以随时随地学习的材料听起来挺不错，但是学员们的工作任务也许会成为降低学习效率的因素。公司员工会经常尝试着在培训期间同时执行多项任务。他们需要接电话，回复电子邮件，或者公司同事需要随时与他们交流，所以他们会在学习的过程中不断分心去做其他工作中的事情。

即使是在工作环境以外的地方，也会有打断学员学习过程，降低学习效率的因素。一方面，e-Learning 的设计很重要。学员也许会有机会选择特定的内容来学习，从而避开那些他们工作中用不到的内容，这样他们就不需要将培训内容从头到尾通读一遍，从而避免浪费时间在一些他们一定忘掉的内容上。e-Learning 训练同时还为学员提供了一些比较方便回头复习的功能，这样他们就可以随时选择特定章节进行复习消化。但是，他们同时也失去了向导师提问题的机会，也失去了向其他学员提问题的机会。他们在这种方式下需要自己来保证完全学懂并消化他们所学的内容，并能它们运用到工作当中去。

远程学习也是另一种培训方式。远程培训给导师与学员提供了互动的机会。与 e-Learning 培训中学员容易被分散精力的缺点相比，与导师授课制的培训需要耗费更多的场地设备资源和交通花费的缺点相比，远程培训是一种相比之下相对较低成本、更高效率的一个选择。e-Learning 培训与导师制培训更多的是一种单向的知识传授。一些远程培训还会提供一下录制好的版本，提供给学员作为复习材料使用。但是，寻找一些特定的材料进行学习和复习对于学员来说会是一个比较大的挑战。学员们有时候需要花费更多的时间去在视频中寻找特定内容。比较常见的情况是，员工们会选择在他们方便的时候看录像，而不是去上实时的远程学习课程。

关键术语

远程学习(Distance learning)

一种正规的培训系统。学员和导师们利用互联网组建成一个虚拟的课堂。远程学习通常是在预先定好的时间里，学员们和导师们可从各个不同的地点参与到课程当中。网络会议和电话会议形式是两个远程学习的例子。

指导式学习是我们接下来要讨论的培训方式。在这种模式下，一名更有经验的员工（我们称之为“指导员”）会负责向其他员工展示如何完成一项工作和回答他们的问题。这些被传授的经验通常会对学员有非常直接的影响，因为这些都是前人总结出来的经验，可以在工作中直接使用。虽然指导员基本上都是在他们工作范畴中的专家，但是他们并不一定是提供培训项目里的专家。虽然他们能把工作做得很出色，但是他们并不一定能很有效率地将他们的经验传授给其他员工。而且一名有经验的指导员并不是总是有时间去回答其他员工的问题，或者有时候其他员工会羞于去问这些指导员们工作上的问题，因为他们也许会认为他们这样去问指导员问题会导致指导员觉得他们工作能力上有缺陷。

最后我们要说的培训方式是工作辅导。这些文件给学习者提供了一步接一步的直观指导，但是缺乏对整项任务的宏观描述。工作辅导是保证学员懂得如何在实际运用中学到技能的方式，甚至可以直接指导学员完成一项工作中的指定任务。这些是在上述各个培训方式中都没有的优势。

关键术语

工作辅导（Job aid）

任何可以提供对完成特定任务指导作用的信息来源。工作辅导将一项任务分成一步一步的指导。工作辅导的目的是为了向个体提供一项任务在实际操作步骤。

关键术语

混合式学习（Blended learning）

一种混合了多种学习方法于一身的培训形式。比如说，一个培训项目要求员工同时学习 e-Learnig 培训项目里面的课程以建立基础知识，然后还需要去上导师指导的实时课程，并在课程上提供工作辅导。

以上我们讨论的5种培训方式是最常见的企业培训方式。它们都有各自的优点和缺点，但是并没有一个是绝对有效的方式。大部分企业、机构习惯于使用混合培训方式达到最大化的效果。

举 例

最大化培训效果的混合式学习

一家公司会偏向于建立一套自己的培训软件产品，以改变员工在他们工作上的表现。这种培训方案包括了e-Learning培训、导师制、指导员式培训和在工作中直接给予工作辅导。第一步，e-Learning培训，先录制由老员工讲解的一段视频，讲解一段帮助员工转变学习方式的内容。然后员工继续参加一系列软件仿真的在线训练。接下来，他们会与其他部门的员工一起参加有导师领导的导师制培训课程。

在课程开始之前，导师会先去了解员工们对新知识的了解深浅，这样也方便了导师调整课程。在课程中，员工不仅能学习到整套软件的功能，他们还可以询问导师这套软件以后会根据他们工作内容的不同而做出什么样的变化。在课堂中，导师可以分辨出什么样的功能会对员工的工作项目上有直接的帮助。最后一步就是为员工提供工作辅导式的指导，直到员工们能让新技能成为他们的习惯。

混合式学习实现了最大化各个培训方式的优点，同时也为员工提供了他们在实际工作中所需要的技能。

释放移动学习的能量

在之前的小节里面，我们了解了5种最常见的公司培训方式：导师授课式培训、e-Learning课程、远程学习、指导式学习和工作辅导。我们也讨论了一家公司怎样成功地将各种培训方式的优势混合在一起。

我们大多数人都不能在大清早的时候对自己说:“天啊,我现在都等不及要去学习新的东西了!”那么到底是什么力量能去驱使我们的员工去学习新的工作技能呢?每次解释这个话题的时候,我都喜欢引用 Bob Mosher 和 Conard Gottfredson 的五大学习需求时刻作为模型。这些时间段是我们的员工最需要学习的时刻,也是我们作为企业管理者最需要为员工提供学习帮助的时刻,这样才能让他们更好地完成他们的工作。这些帮助可以被分为两种形式:正式和非正式学习。

关键术语

正式学习(Formal learning)

所有已经被提前设定好的学习目标的学习。导师、培训机构、公司一般都会提前设定学习目标和内容。比如说一些导师授课式培训、小班教学、研讨会和 e-Learning 课程。

非正式学习(Informal learning)

所有独立学习者根据自己的目标设定学习内容的学习过程。在这个学习之前,学员并没有设定好这个学习过程自己要学些什么内容。比如说社交场合,与前辈之间的讨论。

Bob Mosher 和 Conard Gottfredson 在 *Learning Solution* 这本杂志上解释了五个最佳需要时间段。文章标题为“你有满足在五个最佳需要时间段里学习吗?”

这五大学习需求时刻是:

1. 学习新技能、新知识时(新内容)
2. 拓展员工学过的知识时(更多内容/背景知识)
3. 员工需要操作所学的内容时(应用)
4. 出现问题时(解决问题)
5. 员工需要学习新的工作方式时

在这五大学习需求时刻里面,前两个时刻是学生者学习第一次接触的内容，而且是在他们需要学习这些内容的时刻。在这些时期，我们最能直观感受到员工们在学习过程能直接得到帮助。当员工们能很清楚了解他们需要学习的主题的时候，这两个时刻的学习过程是最有效果的。后三个时刻主要是集中在应用知识，解决问题和探索的过程，这些过程都是贯穿于学习者的工作中的。非正式的学习机会比较符合后三个时刻的效果最大化。

如果仔细研究一下培训和发展计划预算，我们会发现大多数公司或者机构的投资花在正式学习上，但是，员工通常需要在工作里接受指导和帮助。所以各位企业管理者们，我们要怎么样才能为员工提供有计划性的、整体战略性的工作指导呢？很多培训领域的专家认为，在关键点上的移动学习最能帮助企业员工工作。现在我们明白了员工需要在什么时刻去接受新的技能培训，那么接下来我们来看一看移动学习是如何满足员工的工作需求的。

在这一章里，我们之前已经讨论过了移动学习并不只是将 e-Learning 培训的课程内容缩小放在手机屏幕里学习这么简单。既然移动学习不仅仅改变传输课程的媒介，那么移动学习到底是什么呢？简单来说，移动学习就是利用员工的移动设备去创造员工学习的新体验以达到改善员工表现的目的。我们可以认为，移动学习就是利用移动学习的优点去调整正式培训的过程为基线，辅助员工完成任务的过程。在第四章里，我们会将这些概念拆分成几种不同形式的移动学习，但在这章书里，我们主要从宏观上了解移动学习。

增强正式培训

正式培训大概只提供员工们在工作中所需要 20%的知识，但是大部分企业将他们培训预算里面的时间、资源和经费花在了这些正式培训的设计、发展和执行上。移动学习有一个非常有利的方面是它可以增强正式培训的过程和增加可保留内容与应用内容。实现这一目标的几种方式为：

注意事项

重新思考移动学习

一些企业管理人员容易犯的几种常见的错误是，当他们在设计移动学习方案的时候，他们总是认为移动设备仅仅是一种员工获得培训材料的一种设备。然后企业管理人员就会寻找将已有的培训项目装到这个缩小版的设备里面。

成功的移动学习需要注重以下几点：(1)学习者是移动的。你怎么样可以创造一些独特的体验，让学习者能更好地使用这一项技术？当然，学习者确实是在使用移动设备，但是你应该关注他们用这些设备所阅读的材料是不是阅读者真正需要的内容。(2)移动学习是为了将移动设备的优势最大化。移动学习并不只是用移动设备去取代台式电脑这么简单。想一想你怎么才能去利用摄像头、影音视频、麦克风、感应器、位置获取设备、触摸屏、短信和一些其他设备的独特优势呢？

- 在单次的教学过程中，尽量抓取知识重点，而不是在一次教学过程中为学员提供所有的知识内容。
- 在完成一次培训课程后，尽量为学员提供巩固加强的机会。
- 为学员提供实践所学到的理论知识的机会。
- 为学员提供游戏机会，让他们在游戏中去练习他们新学到的技能。
- 建立讨论区或者组织研讨会，让学员们可以有机会互相交流他们的学习与实践的成果。

关键术语

实践社区(Communities of practice)

一组经过相同职业训练的人互相分享经验与对专业知识的见解，比如一些技巧和窍门，以及用自己独有的专业相关知识来支持别人。

举 例

移动学习可以提供新的时间管理和思维模式

想象一下你第一次当父母时的情形，孩子出生了，但是你没有这方面的经验。过去，许多第一次当父母的人都选择购买书籍，比如像《当你期待的时候，你会期待什么》这样的书。现在，强生公司发展了一项移动科技技术，为初为人父母的人们提供学习新知识的机会。Text4Baby 是一款免费的服务，它可以为初为人父母的人们提供他们在产前的知识，更有直到孩子到一岁时候他们所需的知识。父母们只需要将他们的现状输入到系统里面，然后 Text4Baby 就会按时给他们发他们所需要的知识，还有孩子在现阶段的具体信息。这些教育性的信息主要聚焦于父母该怎么照顾、哺乳、免疫、车辆座椅安全，避免受伤和营养等信息上面。

移动学习的一个主要优势是它可以让学习者将时间切分为很多段来完成所有的培训内容，这样做的目的是为了提高效率。这个理论被称为“切分效应”①，Hermann Ebbinghaus 在 1885 年的研究中就得出证据支持这一论述。在移动技术未完全发展之前，这种将切分培训内容的做法在工作环境中是很难被实现的。所以，我们要感谢现代的移动技术，企业可以将培训内容切分出来提供给员工们学习了。

定时发送短信息是智能手机比较独特的功能，甚至是一些平板电脑也具备此功能。这种技术的强大优势在于，它可以给你的员工们定时发送短信息，提醒他们要赶上他们的学习进度。比如说：你可以预设一个短信息发送时间，包括简短的、以文字为主的内容，或者是视频连接，甚至是调查问卷。

另外一个利用切分效应来增强你的学习项目的方式就是发送

① 当知识被切分为若干段来学习的时候，知识会更容易被理解。

课前或者课后作业。想象一下，在课前或者课后发送简短视频，让其他人也跟上进度的内容。作为一种交流方式，这种相互发送预习或者总结视频的方式可以达到双赢的局面。

提供绩效支持

如前所述，在正式培训中，只有 20%的内容可以直接应用到实际工作中，所以 80%的学习内容需要从其他信息渠道里面获得，比如从同事或者自己工作中遇到的问题中习得。随着一些工作复杂度的上升，我们需要记住的内容越来越多了。

工　具

增强学习项目效果的问题

如何在移动设备里从学习项目的过程中获得更多好处。请思考一下问题：

如何在导师制培训或者 e-learning 培训项目里面提取出重要信息片段作为重点学习内容呢？

如何才能为你的学员提供他们所需知识块？

在什么时间段，你能针对学员发送特定内容？

员工在什么时候最纠结该如何运用他们所学到的知识呢？

一些表单式的内容是最难被记忆的。但是这些内容正是很多企业需要员工去记忆的。幸运的是，移动设备能为这项任务提供很好的帮助。实际操作支持能为员工提供工具来获得这一类的信息，这样他们就可以迅速提高操作复杂工序的工作能力。你可以发送很多有用的实际操作给员工，比如工作辅导、教练技术和指导，以帮助他们解决他们工作领域里面的问题。

移动学习的一个好处就是，当员工在工作中遇到困难时，导师或者专家的指导和帮助可以直接被获取，让员工可以直接在指导下完成任务。想象一下，如果现在你需要马上进行一项截肢手术，但是你又不熟悉截肢手术的过程，身边没有专家在场。你会怎么做？在病人已经处于紧急情况下，你怎么样才能够马上知道该怎么做？你会想到移动学习吗？对的。在手术过程中联系上一位远程专家，专家可以给你每一步的细节。这种事情是不是听起来遥不可及？但是这确实是我们现实生活中发生的几个现实的例子。是的，他们确实是利用了移动技术里面的实际操作支持，拯救了生命。

FOR EXAMPLE

举 例

红十字组织在危急时刻提供的帮助

通过建立一系列移动应用，红十字会将会为处于危急时刻的人们提供现代化的帮助。各个不同的应用程序会在各种不同的危急情况下提供独有的帮助方式。比如说在飓风情况下，通过使用智能移动设备应用，人们在受灾区可以提前为他们的家园准备好预防措施，并且可以在灾难过后寻求帮助。一些应用程序可以为人们提供附近救助站的信息，起草紧急情况计划，甚至在被困情况下，应用程序提供闪光功能帮助被困者获救。这些程序可以直接在智能手机没有讯号下获取。

本章主要论述企业使用移动学习的有效性。第一，它可以提高已有的学习项目的学习效率；第二，作为一种即时帮助。在下一章的学习里，我们会深入探讨如何利用移动学习技术去完成这些效率的提升。

管理者的必读清单

☑ 将已有的e-learning课程转换为移动端学习内容的格式，以便于在员工们的智能手机上播放，这并不是一个好想法。但是，如果你已经这么做了，就不要将这种做法看作移动学习的体验，这只是一种e-learning的另一种方式而已。将这种方式看作移动e-learning吧。

☑ 移动学习是一种有关学习者可以随时随地的学习，并且可以使用移动设备学习的方式。你必须时刻记住，要为员工提供独特的学习体验。

☑ 公司需要提供各种不同的学习方案以解决员工们在工作中会遇到的各种状况。这些方案包括了正式和非正式学习的支持方案。

☑ 移动学习通过增强正式学习项目，来增加学习内容保留率和应用。

☑ 移动学习的最终目的是为了提高员工的工作表现，途径是利用移动设备的独有贡献和学习体验。

第4章 不同类型的移动学习体验

整体回顾移动学习之后，接下来本章从细节上研究一下可以提供给员工的移动学习体验的类型。本章重点讨论提供能满足员工需求体验的重要性和公司能用于移动学习的四种体验类型，讨论如何通过移动学习为员工提供信息，收集他们的数据并增进员工之间的交流与合作。最后，我们看通过一些前沿的创新方式来利用移动学习。

无关乎技术，而是关乎体验

公司管理者考虑使用移动学习时总会先想到科技元素。他们调查要使用的各种类型的设备，发现员工使用的设备不全一样，这让他们感到心烦。他们为员工设备标准化的成本感到担心，盘算着设备何时会过时。他们关注科技差异，比如屏幕尺寸。他们考虑是否可能开发出一个无论学习者使用什么设备都能获得一致的体验的方案；他们担心带宽会有问题以及如何在现有的公司系统中追踪数据。虽然所有这些担忧都是有道理的，但是聪明的管理者不会从科技入手，而会把注意力放在在用户体验上。员工和他们在工作中的需求才是关键问题。

先要考虑一下员工是如何使用他们的移动设备的。他们一次使用移动设备的时间是否会达到或超过1小时，很多情况下不会。相反，他们都是短暂地使用一下移动设备。为了执行具体的任务，在这儿花 5 分钟，在那儿花 10 分钟。例如：他们有问题就会通过手机网页浏览器搜索答案或到 YouTube 上观看一个短视频。

他们还经常使用移动设备与别人联系和交流。员工交流时会打电话，更多时候会发信息，年轻人尤其喜欢发信息。我们通过社交网络了解家人和朋友的近况。对于我们许多人来说，像脸书和推特这样的社交网络让我们和以前认识的人重新取得联系，而我们可能很久都没有跟他们讲过话了。现在我们都会即时分享重要的事情，家庭照片或者我们对朋友和家人的搞笑评论，而不会再等到几周之后。想看孩子们在假期去看圣诞老人的照片或休假的照片，我们不用再等，只要访问他们的脸书就行。

我们也会在社交网络提问题。人们总会在线寻求有关个人问题和工作问题的建议或指导。最近，在我的 LinkedIn 网络上，有一位商务联系人对把游戏化融入她公司的培训很感兴趣。于是，她在更新了自己网上的状态，让有这方面的信息的人联系她。另外，我经常看到脸书上的朋友问如何完成工作任务，比如：在特定软件产品中创建数据录入表，最好的方式是什么。

关键术语

游戏化(Gamification)

使用游戏设计技术、游戏思维和游戏机制来提升非游戏环境。游戏化有许多教学用途，包括提高专注度、改善学习和激励学习者。

选择在公司使用移动学习时，要牢记员工已经使用这种科技的方式，再考虑如何提供适合员工使用习惯的支持。本章后面的章节会详细介绍如何利用移动学习满足公司内的那些需求。

让学习者随时获得信息

通常，管理者考虑给员工提供培训时首先会想到给他们提供信息。这是我们建立移动学习体验最常用的方法之一——让员工在需要时得到信息。

智能管理

再考虑一下，学习要花多少时间

大多数管理者会考虑持续很长时间的学习。我们是让员工去参加全天的讲师主导型课程，还是让他们完成两小时的网络学习课程，或者让他们参加一个一小时的在线研讨会。移动学习要求我们重新思考员工需要多少时间完成他们的学习。通过移动学习向员工提供信息时，信息内容应该是短小的片段或简短的信息块，而不该是长篇大论。要以分钟而不是小时来评估学习内容的长度。为了调整你的观念模式，先预测一下员工工作时遇到困难会有什么问题，然后给他们一个简单的解决问题的方法，不要让他们提前记住所有的东西。

播客与 RSS Feeds

播客提供了向员工展示信息的有趣方式，使得他们能在忙碌或方便的时候学习。在第 1 章我们讨论过播客是一种通过因特网访问（音视频）的多媒体文件。但是，播客体验是怎样的呢？

最常用的两个播客形式包括：第一，脱口秀。在脱口秀中，主持人请进一位论题专家并采访他/她。一般而言，脱口秀时长不超过 15 分钟，经常为 5 分钟。第二，一位专家级主持人就某个主题分享他/她的见解或者诀窍。通常这些播客只有几分钟长。

举　例

高管通过播客学习如何在商务活动中使用 iPad

苹果公司的 Execs Talk iPad 系列产品是用播客进行主题学习的一个例子。在这个视频播客系列产品中，公司高管会接受简短采访(5 分钟或以下)，谈论诸如波士顿科学、赛富时公司、克德维尔银行家、绿创环保和 NBC 环球等公司是如何使用这种科技的。该系列产品采用脱口秀的形式，而且每位高管会参与多个采访。每个采访(播客)会关注一个具体的管理主题：如每位高管如何使用该科技，或他/她如何使用该科技衡量成功。

理论上讲，根据自己的情况使用两种播客形式中的任意一种，你就会在特定的时间间隔制作出一系列聚焦特定主题的播客产品，例如：工厂安全、销售或客户服务。

注意事项

专家也需要帮助

虽然有人在某个主题上是专家，但是这并不意味着他/她知道如何以别人能够明白的方式细化这个主题，也不意味着他/她是一位优秀的讲解人。当然并不是所有的专家都需要帮助，但是我建议你指定一位经验丰富的教练或者讲师评估一下该专家在内容展示方面的技术水平。

教练/讲师可以帮助专家把要说的内容编写出来，这样他/她只需要提供适量的信息并用员工容易理解的方式把信息传达出来。教练/讲师还可以给专家一些优秀展示的小诀窍，并且要确保他/她能够吸引受众。这听起来可能很花时间，但是不会花很多时间，你只要确保你的教练/讲师是优质播客的制作专家就好了。

不论你选择哪一种播客形式，都有可能自己在网站上主持你的播客系列产品，而你的员工会用 RSS 阅读器程序订阅 RSS Feed。RSS 阅读器会把每个员工挑选的所有文件都集中存放在容易访问的地点。文件集中存放能为员工节省各自登录网站和手动搜索内容的时间。一旦用户订阅了 RSS Feed，软件就会查看每个网站来寻找新内容并按照预定的时间间隔下载搜索到的新内容。用户可以随时退订文件。

关键术语

RSS feed

指聚合或分配诸如新文章、博客、视频或播客等网络媒体的送达机制 RSS 代表丰富站点摘要(rich site summary)，又称“简易信息聚合”(really simple syndication)。RSS 的优点在于订阅 RSS 服务后就无需再访问原始资料。RSS Feed 确保你能得到你感兴趣的所有最新的媒体文件。

视 频

研究表明，我们会记住 70%看到或听到的内容。了解这一点，你就能看到视频能成为移动学习方案的强大媒介。创建视频的方式很多。视频可以使用软件在电脑上生成，可以通过专业的方式录制，甚至可以使用智能手机上的视频应用录制。过去，有人认为视频必须是高保真的、有培训可接受的高端特效的专业制作品质的作品；现在，因特网上充斥着海量视频，过去的观念也早已不复存在。人们已经明白最重要的标准还是要有好内容。

防　错

两个潜在的视频问题

这里有两个常见的关于视频的错误：一是视频太长员工无法保持专注；二是视频有很多漏洞。切记，员工只是短暂使用他们的移动设备，所以为什么我们要让他们一天拿出 30 分钟甚至 1 小时来看与娱乐无关的视频呢？除了要让员工保持专注外，我们要让他们在需要得到内容的时候很轻松地就能找到想要的内容。长视频无法做到这点。当然，员工可以按快进键看完视频，但是大多数人不会使用试错法找到他们需要的内容，相反，他们会停止观看视频。

了解了这两点，你就会试着把视频时长控制在 5 分钟或以下了。就我个人而言，只要可能，我就会拍摄 2 分钟以内的视频。另外，要给视频起描述性的名称以便员工知道视频的内容，而且要给视频加上标签以便能快速找到它们。

以下是使用视频的几种情况：

- 为员工演示如何执行一项复杂的任务；
- 就公司内部的变化进行交流；
- 演示如何使用一款产品；
- 描述如何处理棘手的谈话或谈判。

电子书

让我们回顾一下校园时光吧。你还记得，你的背包有多重？现在的学生很幸运，他们可以带着他们移动设备中的虚拟图书馆到处走。他们可以标记重点章句，做笔记，查看别人的评论并在书中搜寻特定的短语。许多员工也把电子书用于阅读、娱乐和专业发展。如果你们公司有大量的说明书和书籍，可以考虑把它们制作成电子书提供给员工。除了节省木材和打印费之外，电子书还有一个优势就是当需要更新时，电子书可以自动上传到用户的设备上替换原来的版本。

关键术语

电子书(e-book)

内容与印刷书籍一样的数字格式的出版物，通过因特网下载获得，在电脑或移动设备上阅读。人们通常使用电子阅读器比如 Kindle 或者 iPad 等平板电脑阅读电子书，也可以用智能手机阅读电子书，但是使用智能手机的小屏幕阅读大量的文本可能太费劲了。

注意事项

更新电子书

电子书的一大特点是你能以迅捷而经济的方式更新新书并把更新的书分发给你的员工。不过，电子书的缺点是用户在下载更新过的电子书之后就会丢失在原来版本上在重点章句上做的标记和笔记。为了避免这种情况，建议在发送更新的电子书之前先给你的员工发一封邮件通知他们，以便他们在下载最新版电子书之前先把它们的笔记和重点章句的标记导出来。

二维码

二维码已是随处可见了。二维码是把员工(甚至客户)引导至培训内容的好方式。正如第 1 章中所述，你的智能手机上需要有摄像头和二维码阅读器以便扫描二维码。你可以在智能手机的应用商店中下载二维码阅读器，许多都是免费的。二维码的常见用途包括分享文本内容、发送短信、连接网络和引导观众观看视频。

举　例

Sleep Number 使用二维码和视频引导客户

我最近去了一次商场。在路过 Sleep Number 的床上用品商店时，我看到了他们商店展窗上巨大的二维码。扫描二维码之后我被带去观看一个展示 Sleep Number 的新产品——AirFit 全调节睡枕的短视频。视频演示了如何轻松地调节睡枕的硬度，并讲解了睡枕的特点。看完这款革命性的睡枕是如何带来一夜完美睡眠之后，顾客可以去店里试用产品或点击视频中的链接网上购买。

工作辅助工具

新员工入职之后，公司通常会给新员工提供工作辅助工具以帮助他们运用正式培训项目中学到的内容。过去，公司把工作辅助工具作为课程手册的一部分或独立的文件提供给员工。通过员工的移动设备上的工作辅助工具给他们提供需要的信息，这种方式很简便。如果在完成任务或流程时需要帮助，他们就可以打开手机上的工作辅助工具按步骤阅读工作程序。

提　醒

生活中我们都需要多一点帮助。我相信绝大多数管理者通常会使用某种电子的提醒通知自己要参加的会议、日程情况或在准备即将召开的会议时我们的工作进展情况。既然如此，为什么我们不在培训方面也给我们的员工使用电子提醒呢？让我们看看我们如何用提醒给员工提供支持。

在上课之前，我们经常让员工做一些准备工作。也许我们要求他们看一段视频、读一篇文章或做个评估。通过文本信息，我们可以给受训员工发送一个准备工作的简短提醒并把链接放在任务中，也可以预先设定文本信息的发送时间。如果在线追踪准备工作的情况，可以只在员工没有完成工作的时候发送提醒。

防 错

发布内容所需的文件格式

作为参与移动学习项目的管理者，你想确保无论技术如何改变，员工仍能在它们的设备上看到你发布的内容。为此，要确定你的学习开发团队或者供应商使用的是能经得起时间考验的标准文件格式类型。以下是以内容类型为基础的推荐文件格式列表。

内容类型	文件格式
播客	MP3
视频	MP4
电子书	ePub
工作辅助工具和参考指南	pdf
文本与图像	HTML

另外，可以使用电子提醒提供活动后期支持，可以就培训课程中的主要内容提醒员工或提供相关内容帮助员工应用培训课程上所学的内容。

移动应用

使用现有移动应用或投资自定义学习是我们作为管理者给员工提供信息的另外一种方式。首先，我们谈一谈利用现有的应用。之前，我们提到过创建电子书。Kindle 是一种员工可以用作电子阅读器的移动应用。员工可以使用 TED 应用访问 TED 演讲数据库去看或听著名专家的各种主题演讲。或者你的销售人员可以使用 MapQuest 4 移动应用在打销售电话时获得全程导航。

关键术语

移动应用

是一种在移动设备上运行的，用于执行具体的任务软件程序（通常称为“移动应用”）。移动应用的例子包括日历、计算器、地址簿、笔记簿、游戏、语言翻译器、网络浏览器和映射程序。

现有应用并不会总能满足你的需求，这时你就需要进行自定义应用投资。自定义应用可以根据你能想象到的任何用途开发，从提供绩效支持、培训内容和游戏到教员工如何完成关键的工作技巧。

智能管理

并非任何时候都需要自定义应用

在考虑使用某移动应用时，我们首先想到针对公司研发自定义应用。但是，记住可用应用千千万万，而且可用应用的数量每天都在增加。在投资研发自定义应用之前先确认现有应用中没有能满足你们需求的应用。

移动应用有两类：本地应用和网络应用。两种应用各有优劣。研发自定义应用之前，你应该做足工作以确保你研发的自定义应用能够最大限度地满足你的需求和预算要求。为了让你能够了解这两种应用，这里谈一谈他们之间的一些主要区别。

既然本地应用是大多数人的首选，那么我们先来看一看本地应用。研发本地应用主要的优点在于使用诸如传感器或摄像头等移动设备的能力。但是，如果员工缺乏标准移动设备，那么研发本地应用就存在一个劣势。如果是那样，那么你就必须为每一种设备研发一个应用。这要求研发团队或供应商熟悉每种设备研发的工具和标准，而且要记住本地应用是通过应用商店下载到移动设备上的。通过应用商店获得的任何应用都要求你在使用之前对其进行审核和批准。多这一步操作会比较耗时，为了适应公司应用的开发标准，你可能会改变设计程序的方向。

FOR EXAMPLE
举 例

NFL 球队使用移动应用

许多 NFL（全美橄榄球联盟）的球队把他们的 500 多页的印刷战术手册都折价换成了 iPads 和应用。PlayerLync 就是这样一款应用，其有以下特点：当教练或者四分卫设计、修改战术时，他们可以马上把战术推送给所有球员。在功能方面，这款应用要远比统战术手册强大，而且应用还改变了球员观看练习和比赛录像的方式。视频录像会被上传到应用中，球员几乎可以马上看到录像。甚至，比赛结束后他们可以在返程的飞机上回顾比赛录像。只要有新的战术或者视频上传到应用中，球员就会收到提醒。教练甚至可以看出球员花了多少时间研究战术观看录像。

你有安全方面的担忧对吗？大可不必。因为应用程序中构建了多层安全防护。例如，如果有球员把 iPad 丢掉了或离开了球队，他的平板电脑可以通过远程操控清理干净。

公司经常希望一次性把内容研发出来并应用到所有的设备上。如果这是你的目标，那么网络应用可能是你恰当的选择。网络应用不是通过应用商店发布的，而是通过移动设备浏览器在网络上获得的，一般是使用常用网络研发工具开发出来的。但是，当设计网络应用时，要记住网络应用一般不能使用设备特有的功能。

“一次性研发并在多个设备上同步应用”的概念对于网络应用是巨大的优势，它也是在移动应用研发项目中管理者所寻求的概念。这里强调一下，在应用发布之前，确保你的团队已经使用各种移动网络浏览器对程序进行了彻底测试。这一步总是被忽视。每种网络浏览器各不相同，你可能会发现一些使用习惯是基于访问内容所用的移动网络浏览器所产生的。不要想当然地认为，员工会使用设备自带的默认程序。

关键术语

本地应用

是为在特定平台上运行而研发的，运行时使用平台的操作系统。用户从网站上把免费或收费应用下载到他们的移动设备上。例如：iPhone 应用是从 Apple Store 中下载到手机上的，而安卓应用来自于谷歌娱乐商店（之前称为“安卓市场”）。本地应用是为每种设备专门研发的。

网络应用

是为了在任何移动设备上运行而设计的移动应用。网络应用是通过移动浏览器和因特网访问的。网络应用通常是以 HTML 的形式研发的。

让学习者分享智慧和信息

另一种使用移动学习的方式是收集关于员工的情报和数据。收集情报和数据的方式有很多种，从评估员工在正式培训中学到的知识到让他们参加投票调查，不一而足。接下来我们讨论一下这三种方式。

评　估

无论使用的是什么传达方式，每位培训项目管理者都应该首先评估员工是否已经掌握所学内容并能把所学内容运用到工作中。在讨论移动设备之前，让我们看看通常如何评估学习者通过传统培训方法所获得的知识。

课堂上由讲师进行评估。评估可以是让学生回答探究性问题,让他们完成练习,或者让他们做正式的测试。对于电子学习课程,通常在课程结束处进行一次正式测试。在某些情况下,在给员工学习这门课程的学分之前,课程设计要求有一次累积式测试。

听起来像个切实可行的方法,对吗?可是在培训之后,马上评估员工的知识水平,我们就真的只能指望员工们对所学内容的短时记忆了。但是,真正问题在于:他们课程结束一周、一个月之后,甚至一年之后是否还能记住并运用课程的内容吗?移动设备提供的评估方法不仅能评估他们对课程内容的短期回忆,而且能评估他们的长期记忆,甚至评估他们能否运用课程内容。以下是通过移动设备评估员工所学知识的一些基本技巧。

学习前测试

学习前测试是在正式活动之前进行的简短的测试。这种方法让你可以估测培训对象在所要培训方面的现有知识水平,而且可以帮助你确定员工之间在常识上的差距。

学习后测试

学习后测试是在某项学习活动之后进行的测试,用以确认学生对所学内容的掌握程度。通过对比学习前测试和学习后测试的结果,你能确定学生在特定科目上的知识是否增加了。学习后测试也可以为你提供有关在哪里可以用诸如辅导或工作辅助工具等附加培训内容、方法以填补知识空白的数据。

知识测验

为了确保员工在学习之后能很好的记住所学内容,定期发送知识测验是一个选择。一种方法是在员工的移动设备上给他们发送针对性问题。这种方法的优点在于如果某位员工对于某部分内容感到纠结，你可以通过移动设备提供附加学习内容来填补员工的知识空白。另一种方法是给员工发送一个场景，让他们把自己会怎么样处理这种状况和问题制作成文档。员工可以使用移动设备上的语音识别软件进行快速回复。通过让员工用自己的话描述他们的方案，你能很快确定员工在培训中学到了什么或者没学到什么。

观　察

在员工工作时观察他们是评估员工运用培训内容的能力的一种好方法。员工可以自己观察自己并向他/她的管理者报告，或者也可以让其他员工观察他/她。这里有些如何使用移动科技完成这项任务的方法。在完成工作任务的时候让员工在各个工作阶段给自己拍照并提交照片以备检查。另一种方法是让员工使用移动设备的视频摄像从头到尾录制全部任务的完成过程。在两种情况下，你可以检查拍摄的照片或视频以确认培训知识是否运用在工作中。还有一种方法是让同事或者管理者在正式核查过程中填写电子清单。使用移动设备的触摸屏很容易完成这些清单。

调　查

无论对错，我们经常根据我们对员工的需要和想法的理解做决定。用移动设备来调查员工的观点和需要。你可以通过调查弄清楚员工偏爱什么学习方法，课程要包含什么内容，员工需要什么新课程，课程在工作中对员工是否有帮助，甚至得到改善课程的建议。

测验学生

另一种收集学习者数据(增加与员工互动)的方法就是对他们进行测验。一般而言，测验由多项选择题构成，接受测验的学生负责填写，他们使用互动系统回复。测验关闭时，软件会把回复内容列成表格并用 PPT 显示用于群组讨论。

直到最近，你需要在培训开始给每位受测者一个观众互动设备，希望他们在培训结束时归还设备。今天，一些软件公司，比如 Poll Everywhere 公司允许员工在他们的手机上使用文本信息、推特，甚至网络浏览器回答调查中的问题。这种新科技也适用于其他类型的测试，例如自由文本，受测者在自由文本中可以仔细琢磨怎么进行回复或者向讲师/管理者提出问题。

让学习者交流和合作

社交媒体科技在移动学习领域有着巨大的潜力。让我们探讨一下这种科技可以怎么使用。

关键术语

社交媒体 Social media

是能够使成群的人们进行交流和互动的因特网应用。社交媒体网站会构建一个社区，在这里人们分享信息，例如：个人的情况、观点、见解、想法、经验、照片和视频。一些公认的社交媒体有脸书、推特、Yammer、维基百科、Youtube、Flickr、Pinterest、LinkedIn 和 Delicious。

社交媒体

社交媒体是培训中的热点话题，不仅因为社交媒体把人们连接起来，而且因为让社交媒体允许人们对内容进行大众化或自主管理。社交媒体有许多形式，包括博客、维基、微博、照片和视频站点，网络论坛、社交书签站点以及社交网络站点。

注意事项

禁止社交媒体

社交媒体给公司带来许多问题。社交媒体会让员工分心吗？如果我们允许员工与公司以外的人讨论业务会引发什么安全问题呢？我们想对外界变得如此透明吗？如果员工抱怨公司我们怎么应对呢？通常公司的第一反应是禁止在工作地点使用社交媒体。以下是你可能不希望禁止社交媒体的一些原因。

- 这不是第一次也不会是最后一次新科技被认为扰乱工作场所了。有许多人告诉我电子邮件刚出现的时候许多公司担心它会让员工无心工作，然而现在电子邮件已经成为商务交流的生命线。
- 你可以禁止员工在使用办公室网络时登陆社交媒体站点，但是如果他们用自己的手机登陆社交媒体站点你就无计可施了。
- 社交媒体是千禧一代交流的主要方法。让年轻才俊对你的公司望而却步的最快的方法就是禁止他们使用社交媒体。
- 禁止社交媒体，你会失去创建一个鼓励交流与协作甚至创新环境的好机会。

学习者提供培训材料

一般情况下，机构考虑编纂培训材料时会想到由上到下的方法。机构会设计材料内容及编纂的方式。遗憾的是，订阅这种材料的公司无法从同伴学习中收益。通常，员工自己是最清楚如何在工作中运用培训内容的人。通过经验积累，他们知道出问题时如何做最有效解决问题，而不是只使用由上到下的方法，我建议创造一个员工与大家分享他们的专业技能和知识的环境，而社会媒体网点是创建这种环境的好方式。

让学习者获得创新

有很多你可以使用社交媒体创建创新型移动学习的方式。

不要禁止社交媒体，相反，要和员工说清楚你期望如何适当使用社交媒体，而且为了公司的利益要找到拥抱社交媒体的方式。

增强现实

假设有以下情境，你来判断他们的真假。

设想你离开了美国，而且不知道当前你所在国家的货币对美元的汇率。为了查找汇率，你扫描1美元的纸币。真的还是假的？好的，下一个。在历史博物馆中参观时，霸王龙展示样品的3D立体图像正好出现在你面前！不是霸王龙的骨架图像而是我们认为的霸王龙真实的样子。真的还是假的？这里还有一个情境。你在房产市场准备买一栋新房子。在朋友家的房子时你觉得朋友住的居民区很适合居住。你拿起你的智能手机，在地图上圈了一个居民区，这个居民区所有在售的房子在地图上都弹了出来，带销售价格。真的还是假的？

关键术语

增强现实（Augmented reality）

是通过把数字元素和真实世界进行融合而提升现实世界的体验。通过带摄像头的移动设备（通常是使用智能手机或特制护目镜）看现实世界时，你会看到以现实世界为基础上的数据、图像、视频、音乐和人机交互活动的重叠。

令人惊讶的是这些都是增强现实的活生生的例子，它们是我们的现实生活和数字世界的融合。

增强现实有几种起作用的方式。第一种方式通过创建标签。标签会帮助你分类并过滤电子学习内容。当你把智能手机或平板电脑指向标签时，它就会活灵活现地展现出来，就像 3D 霸王龙样品变得火灵活现一样。在这个例子中，你在博物馆下载一个应用，然后在参观时你会发现墙上贴着标签。你把智能手机指向标签时，展示品就像活了一样。第二种方式是增强现实通过使用图像识别软件起作用。你把智能手机指向某个图像或物体时，手机上的应用就会自动识别图像或物体并展示相应的内容。在扫描钱币的例子中，有一种 Wikitude 应用就包含图像识别软件。这种应用提供允许你找到有更多安全特征的货币图像热点。第三种方式是通过智能手机上的摄像头和传感器，比如 GPS 和加速计，使用定位内容。这些应用会确定你的确切位置并显示相应的重叠数据。显示某区域在售房屋的例子就是这种科技的一个例子。

到目前为止，有三种展示增强现实的方法。第一种方法是头戴式展示，例如头戴、护目镜或眼镜。用于展示增强现实的隐形眼镜目前正在研发之中，在不久的将来可能会成为一种展示方法。第二种方法是手持设备，例如智能手机或平板电脑。第三种方法是空间展示。在这种情况下，图像会投射到固定的平面上。

听起来很酷，但是你能把增强现实当作学习工具来使用吗？绝对可以。还记得吗，在之前的章节里我分享了一个我经常用应用研究星星的事情？我把 iPad 指向天空就能看见所有的星座、行星，甚至能看到哈勃卫星。这就是实际应用中的增强现实。这里有几个在移动学习培训中使用增强现实的想法。

第一个想法是你可以给讲师主导型课程的材料贴上标签，让材料更具互动性。第二个想法是把你的公司园区变成增强现实体验并将其添加到你的新雇员培训项目中。第三个想法是把增强现实当作绩效支持工具使用，在工作中为员工逐步提供指导和构想。想象一下，就跟在你的手机上看一款产品时屏幕上会出现解决问题的步骤一样。

举 例

BMW 服务技术人员使用增强现实修车

根据 BMW 网站消息，BMW 服务技术人员修理车辆时，使用增强现实一步一步获得指示。技术人员佩戴一副特殊的护目镜，当他们看向发动机时，护目镜就会现实图表和指示信息。例如：程序告诉技术人员如何一步步执行一个任务，在这个任务完成时，技术人员说“下一步”就可以继续执行下一个任务。下面的照片把这个过程进行了分解。在照片右上角，你可以看到技术人员正在旋紧两个螺丝。有一把虚拟的螺丝刀指明了要旋紧第一个螺丝的位置，然后在虚拟螺丝刀下面你可以看到技术人员的手正在旋紧螺丝。BMW 博客上的一段视频就是关于他们的技术人员使用增强现实完成修理任务的。观看视频请访问：www.bmwblog.com/2009/09/03/bmw-augmented-reality。

图片：服务技术人员使用增强现实修理 BMW 车辆

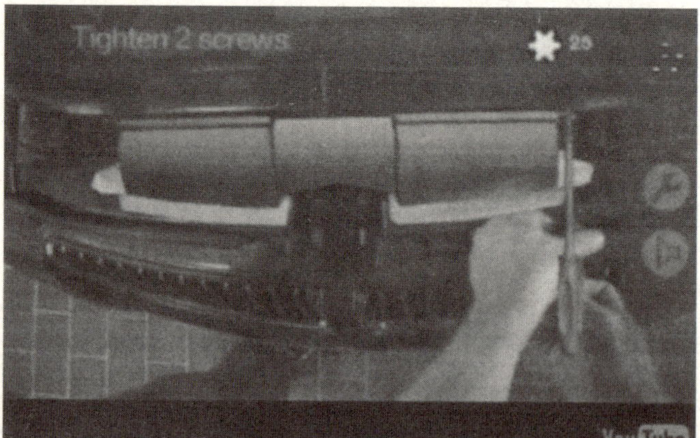

游　戏

在 2012 年 1 月至 8 月期间有 2.35 亿人在脸书上玩游戏。如果你不玩游戏，很可能你认识的人玩。游戏已经成为培训中的热点话题，然而一些人编造了借口以抵制在工作场所玩游戏的行为。在与一位管理者管理者谈论利用手机游戏的时候，我总是听到以下的托词。

- 游戏只是小孩子玩的东西。
- 女人不玩游戏，而我的员工大约有一半是女人。
- 游戏没有教育价值，仅仅是娱乐而已。

先来看看针对年龄和性别编造的借口，并把它们逐一否定。根据娱乐软件协会（ESA）发布的数据，游戏产业交易人群中游戏玩家的平均年龄是 36 岁，而 29％的游戏玩家在 50 岁以上。那么对于主要是男性玩视频游戏的理由，情况又如何呢？这确实是事实，对吗？不过，根据 ESA 发布的数据，男性和女性玩游戏的比例大概是对半分。ESA 还发现在所有美国女性中有 42％的人玩视频游戏。

既然我们已经戳穿了编造的有关年龄和性别的借口，接下来让我们否定游戏只是找乐子的借口。当然，游戏是有趣的。如果游戏没有趣，就没人会玩。可以肯定的是，游戏给员工培训带来了莫大的好处。有些使用手机游戏的方式，它们包括记住并执行任务、评估风险、提高决策技能和培养领导力。

举 例

使用手机游戏,学习核心工作任务

每一份工作都会有一些例行任务,它们要求我们记住一些信息或步骤。手机游戏是帮助员工记忆和运用这些信息的有效方式。麦当劳日本分公司恰好在通过手机游戏在教新员工工作任务,比如制作汉堡包、炸法式薯条和清理工作台。彭博新闻社称他们使用的是一款在 Nintendo DS 游戏系统(见下图)上运行的移动学习游戏。在接受 Hideki Narematsu 的采访时,麦当劳日本公司的人事管理者 Narematsu 指出:"与老式的培训方法相比,员工学习的速度要快两倍,而且他们一旦进入工作岗位就能马上把学到的技巧应用到工作中。受训员工进入工作岗位时已经记住了基本的工作任务,所以他们就能花更多的时间在沟通技巧上树立自己的信心。"

图片:麦当劳日本公司员工通过手机游戏学习主要技能

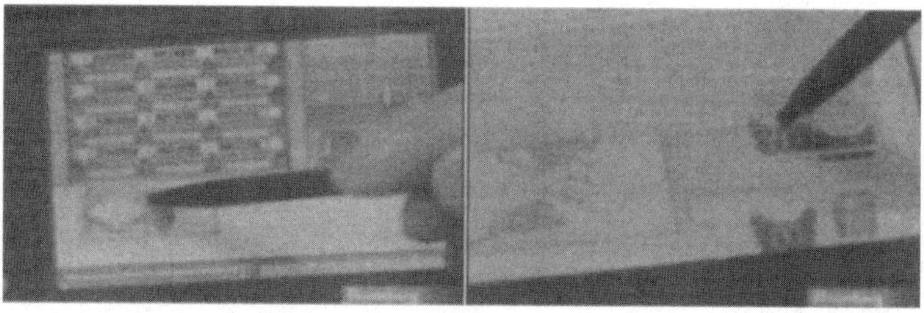

对于那些想通过阅读研究文献了解有关游戏在学习中的有效性的人,有很多的研究文献可供阅读。最近,科罗拉多大学商务学院管理学助理教授特雷西·西茨曼做了研究。通过检查分析 65 份研究报告和来自 6 476 位成人受训人员的数据,她用了一年的时间来研究模拟游戏对于成年学习者的有效性。她的研究发表在《人格心理学》上,题为"以计算机为基础的模拟游戏的指导有效性的超分析调查"。

西茨曼发现当游戏被设计成主动学习体验，被作为一部分放到更大的课程中，并且能在游戏后期为学习者提供充分的机会做情况报告时，游戏就是高效的老师。在这些参数的范围内设计游戏时，她发现，通过游戏学习的学生与经过传统培训方法培训的学生相比在技能知识方面提高 14%，在事实知识水平方面提高 11%，而前者的记忆留存率较后者高出 9 个百分点。这些数据令人印象深刻。

注意事项

设计是游戏学习有效性的关键

如果你想设计移动学习游戏，我强烈建议你邀请一位游戏设计师一起创建游戏，而不是自己包揽一切。这里有一些关键元素能让游戏变得行之有效。首先，移动学习游戏在你首要的培训策略中应该由一个元素构成。不要把创建的一款游戏作为唯一的培训方法，而要把它与其他培训机会融合到一起。创建游戏时，很容易因创意过程而分心，从而忽略了学习目标。第二，确保你清楚地界定了你的学习目标，并明确了如何通过游戏互动来支持你达到学习目标。即使是游戏，你还是需要加入具有切实的培训积极性的元素，例如：反馈和评估。第三，从内在激励学习者反复玩这款游戏，而不要通过外在激励的奖励机制，这只是短期效益让他们这样做。

沉浸式学习模拟

回想一下学开车的时候。大多数人都是读驾驶手册并研究交通规则。当觉得信心满满的时候，我们为了得到驾照去参加笔试。一切看起来黑白分明，都特别简单。但是你还记得第一次把在驾驶手册上学到的内容运用到现实生活中的情形吗？还记得第一次有人没打转向灯就直接插到你车的前面的情形吗？还记得一个孩子在你的车前追逐皮球或者第一次爆胎时的情形吗？一旦你面对汽车的方向盘时，一切都变了。事情似乎远比驾驶手册复杂。今天，许多驾驶员教育项目都引入了沉浸式学习模拟，让学员在到街道上开车之前能够体验驾驶的复杂性。

关键术语

沉浸式学习模拟（Immersive learning simulation）

是重现真实世界体验的模拟、确保学习行为产生的教育学和让学习者完全沉浸到学习体验目标中的游戏元素的融合。

过去，沉浸式学习模拟要求使用大型的昂贵的机械设备来重现真实的环境。沉浸式学习模拟经常用于训练要在危险或有潜在生命威胁的环境中工作的员工，例如航空、警务工作、卫生工作和军事行动。今天，因为有现代移动科技的存在，这些训练方案现在可以用于多种培训情境。

沉浸式学习模拟的部分益处如下：

- 提高学习者的兴趣；
- 在安全的环境中从自己的错误中获得教训；
- 练习现实中无法训练的场景；
- 把知识与技能结合起来；
- 根据员工在模拟中的实际表现评估他们的知识水平。

举例

士兵以排为单位使用沉浸式学习模拟训练

今天的士兵使用一种名为“美国陆军步兵训练系统”的沉浸式学习模拟进行训练。这个程序允许整排的士兵在虚拟环境中一起训练并且体验真实的战场环境。士兵戴着特制的头盔在虚拟环境中能看到，也能听到。他们的军装和武器都配有能够把士兵的动作和行为传送给他们在虚拟环境中的影像操作的传感器。要在 YouTube 上观看此类训练视频，你可以访问：www.youtube.com/watch? v=AMyoQhUcPgM。

图片：使用美国陆军步兵训练系统进行士兵训练

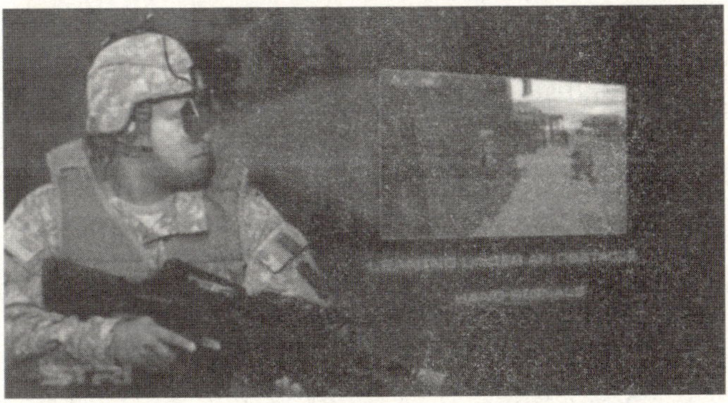

管理者的必读清单

☑ 考虑在公司使用移动学习时,应该首先关注用户体验而不是科技。

☑ 人们都是较为短暂地使用他们的移动设备。移动培训和绩效支持应该设计成同样的形式。

☑ 移动学习是给员工提供信息的切实可行的方式,其形式多样,包括视频、播客、电子书、工作辅助工具、提示、提醒和移动应用。

☑ 移动学习可以通过调查、评估、知识测验和测试提供有价值的数据。

☑ 鼓励使用社交媒体将增加沟通与协作。

☑ 社交媒体是鼓励学习者准备学习内容材料、分享知识并与其他员工一起更好地练习的好方式。

☑ 为移动学习使用创新性方法,例如:游戏、沉浸式模拟和增强现实感,以建立能够教授并巩固关键业务技能的、极具吸引力和互动性的体验。

第5章 移动学习的愿景

既然我们了解了移动学习及其实际价值，接下来我们讨论一下如何为移动学习制定愿景。本章主要讨论创建商业案例的第一步：制定你的移动学习愿景陈述。你的愿景陈述应该包括记录你目前的状态、表达清楚你期望将来的状态、解释你的移动学习准则以及确定你将如何定义并评估项目的成功。

了解组织当前的学习状态

创建商业案例和移动学习愿景的第一步，是要明白并表达清楚你的公司现在处在什么位置。这包括你打算要处理的问题是什么、问题产生的原因是什么以及谁是解决问题的关键人物。

确定问题

定义移动学习愿景的第一步，是说清楚你打算解决的问题。要从解决项目中需要处理的重要问题开始。移动学习可以帮助解决的一些最常见的问题包括：

- 增加销售；
- 提高员工的生产率；
- 提高员工在工作中的精确性；
- 减少错误次数；

- 减少安全事故的次数；
- 增加员工之间的交流和知识分享；
- 通过分段学习增加培训的有效性。

TRICKS OF THE TRADE

应用技巧

5W & 1H 技巧

在帮助客户制定他们的移动学习愿景时，我使用的一种技巧就是应用 5W & 1H 方法。记者在准备采访和写文章时都会使用这个方法，我担任《圣路易斯邮报》和《圣路易斯杂志》的撰稿人时也是用这种方法。转行到培训和发展行业之后，我发现这种方法对于管理者和高管们写商业案例和编纂培训内容以便发展团队都很管用。简单地说，5W & 1H 就是提问并回答一系列问题。这些问题是 What(事件)、When(时间)、Why(原因)、Where(地点)、Who(人物)和 How(方式)。在记录商业案例时，问有关 What(事件)、When(时间)、Why(原因)、Where(地点)、Who(人物)和 How(方式)的恰当问题。这里有一些写移动学习方案应该会问到的问题。

- 为什么寻求移动学习方案?
- 要解决什么问题?
- 方案是什么?
- 谁是方案的受众?
- 他们什么时候需要学习?
- 员工需要绩效支持或提高工作绩效所需的信息会在哪里?
- 应该怎样开展这个项目?
- 应该怎样评估成功?
- 项目需要多少成本?

通过使用 5W & 1H 方法，你将可以确保已经制订出一个有助于赢得利益各方的支持、有助于学习发展团队实现项目目标的考虑周全的计划。

让我们把这分解成一些看得见摸得着的例子。你的服务技术人员是需要花很长时间才能确认并解决常见问题吗？你的销售人员正苦于解决销售过程中常见的困难并因此丢掉销售业绩吗？最好的方案都能在全公司分享，以便所有员工都能从优秀员工的智慧中受益吗？当现场部署新设备之后，你遇到过员工事故数量增加的情况吗？当你把某个主题培训的所有内容都填充到一个正式的课程中时，发现你的员工在回到工作岗位后已经忘记了培训内容，这种情况发生过吗？

注意事项

清楚你要解决的是什么

与管理者和高管们讨论他们为什么涉足移动学习时，我经常听到的是他们正在为员工培训寻找一种新的创新方法。管理者们实施移动学习方案时遇到的两个最常见的问题是：(1)没有准确把握他们要解决的问题；(2)试点项目开始之前没有可靠的移动学习方案。

情况通常是这样：管理者们在没有基本准则时就开启试点项目，测试移动学习被接受的程度，他们这样做没有基本准则为依据，甚至他们不知道项目为什么会成功。建立整个公司都能接受而且能够取得商业成功的项目，需要花时间记录商业案例并确保移动学习能够真正解决公司所面临的问题。

下一步是要找到问题产生的原因。是业务流程中的问题引起的吗？是员工没有在正确的时间接受正确的培训引起的吗？是培训内容过时引起的吗？是因为员工缺少合适的工具从而达不到最佳绩效吗？找到问题的所有根本原因是确保培训能帮你达到目标的关键。

一旦确定了主要问题和所有原因，你就可以开始量化问题。这里有一些移动学习可以处理的重要问题。

- 每次确认和解决服务电话平均应该只需要 1 小时 15 分钟，

而服务技术人员平均每次需要 2 小时。

■ 服务台总是收到同样的问题，平均每周 20 次。

■ 接到的 15％的服务电话至少需要回复 3 次才能找到和解决问题。

注意事项

移动学习能解决问题吗

在找到问题时，公司或者学习开发团队经常会考虑立即更新培训。在优化移动学习方案之前，确定你已经对问题产生的根源进行了透彻的分析。当培训只是一个组成部分时，根本原因往往存在于更深的层次，例如：需要精简的内部机制或者需要更新的业务流程。一旦你确定如何解决那些潜在的关键问题，那么就可以考虑如何利用移动学习了。

■ 由于不能处理客户的不满，我们每季度的新销售额大约损失 20 万美元。

■ 部署新设备之后与现有设备相比，过去两年我们每个站点上报的安全事故的数量增加了 25％。

为了简化问题，这里例子只阐述了单向影响，但是在记录问题时，要确保你看到了问题对所有业务单位以及整个公司的潜在影响。

智能管理

诚实很重要

当定义目前的状态时，对于公司目前正面临的问题你应该特别诚实。因为担心会造成不利因素，通常管理者们不愿意与公司里其他的人就问题进行深度探讨。然而，如果不能记录下所有的问题和挑战，你就无法创建解决它们的移动学习方案。高管和学习开发团队必须对问题有深度了解，以保证充足的资金和有效的移动学习方案。

确定你的受众

既然你对要解决的问题已经胸有成竹，那么下一步就要弄清楚谁是主要受众以及他们乐于接受移动学习方案的程度。

找到所有可能会为解决问题作出贡献的员工。这里建议把受众分成两组：主要受众和次要受众。

关键术语

主要受众和次要受众

主要受众是学习方案的目标群体，由单一的个体组成。这个群体将是移动学习体验的主要受益者。

次要受众是与主要受众进行互动并帮助他们实现商业目标的所有的人。次要受众可以包括管理者、管理人员、服务台员工甚至学习开发团队。

工　具

需要处理的受众问题

分析高层次受众时，需要回答以下问题：

- 谁需要培训来解决这个问题？
- 有多少受众？
- 为什么他们需要培训或者绩效支持？
- 为了解决这个问题他们将来需要知道什么？
- 今天他们怎样接受培训？
- 他们什么时候需要培训或者得到绩效支持？
- 需要这些信息时他们在哪（在现场还是在办公室）？

例如，如果你正在筹划一个会影响公司销售业绩的移动方案，那么方案的主要受众可能是销售代表，如果你打算特别为客户创建学习内容的话，主要受众甚至可以是客户。次要受众可以包括销售部门的高级管理人员、区域销售管理者、部门管理者和销售支持团队。

我们先来了解一下主要受众。定义主要受众时，要切记他们是移动学习方案最大受益者，方案是为他们设计的。在确定每组主要受众员工时，应该记录下受众的数量级别、地理位置和基本人口统计数据，例如，性别、年龄范围和入司平均时间。人事部门应该收集这些信息并做成报告。

一旦掌握了谁能解决这个问题，立马就要了解他们在移动技术方面的经验和他们乐于接受移动科技的程度，目标是创建一个主要受众概况，确保移动方案能与受众产生共鸣并解决问题。

TRICKS OF THE TRADE

应用技巧

世代分析

当研究员工正在如何使用或以后如何接受移动科技时，要以世代为群组（千禧一代、X世代、婴儿潮一代和传统派）进行研究，以便洞悉员工的更深层次趋势和需要。

通常，公司按年龄分组时，会分成6个年龄组：21及以下、22～34、35～44、45～54、55～64和65及以上。这种方法的问题在于不同的世代群组分到了多个年龄阶段。例如：在2013年X世代群组的年龄跨度是33～48。如果按照标准年龄阶段，X世代群组包括一部分22～34年龄段的人，所有35～44年龄段的人和一部分45～54年龄段的人。使用标准方法，根本无法清楚地确定并区分X世代员工的偏好。

为了从世代的角度，灵活分析受众，可以根据员工的出生年份而不是他目前的年龄。各世代人群出生时间范围分别是1980年以后（千禧一代）、1965～1980年（X世代）、1946～1964年（婴儿潮一代）和1928～1945年（传统派）。

收集这些信息最简单的方法就是调查员工。软件，例如猴子调查网站，能帮你快速建立、分配并自动整理结果。不要以为需要采访或调查所有受众成员（这感觉是一项令人沮丧的任务），相反你只需要确定一组代表。代表组应该由受众概况相似的员工组成。受众基数越大，调查的人数就越多。这里有一份意愿调查样本。

样品手机意愿度调查表

具体问题可以不同，以下是一份可能意愿调查问题清单，可以用这些问题开头以便获得受众对手机的偏好和意愿的信息。

手机意愿度调查

工作头衔：______________________

所在年龄段：______________________

性别：______________________

你现在用的是什么类型的手机？

- □ 手机（非智能手机）
- □ 智能手机（请选择类型）
  - □ 安卓
  - □ 黑莓
  - □ iPhone
  - □ Windows
  - □ 其他（填在空白处）______________________

我的手机用于（选择所有使用项）：

- □别人交流：
- □电子邮件
- □文本信息
- □打电话
- □听播客
- □获取导航帮助（方向/地图）
- □打游戏
- □搜索信息
- □使用 apps（列举你使用的前 5 项应用）

____

____

____

____

____

□观看视频

你使用的是什么类型的平板电脑？

□苹果 iPad

□三星盖世

□Playbook

□Windows Surface

□其他（请列出清单）______________________

□我没有平板电脑

当你离开办公桌工作时，列举 5 项你最希望使用平板电脑而不是手提电脑来完成的任务。

____

____

____

____

____

如果有公司信息、培训材料和绩效支持工具，我会用手机来获取它们。

□是

□否

□不确定（我需要体验一下）

如果有公司信息、培训材料和绩效支持工具，我会用平板电脑来获取它们。

□是

□否

□不确定（我需要体验一下）

在了解了主要受众之后，就可以确定次要受众（为实现主要受众目标提供支持和作出贡献的员工）。记录次要受众时，需弄清楚他们何时、以何种方式为主要受众作出贡献。如果该受众群体直接与移动学习方案产生互动，只需要做一个移动意愿调查就可以。

塑造理想的移动学习蓝图

既然已经确定了要处理的问题而且清楚了主要和次要受众，接下来可以确定你期望的状态。期望的状态要回答以下两个问题:你觉得未来公司的业务会如何发展?怎么实现?

假设你正尝试着把服务技术人员检修和解决常见问题的时间从2小时减少到1小时15分钟,以下可以是期望状态的定义:

服务技术人员将在现场用平均1小时15分钟处理常见问题,先确定最常见的问题,再为团队提供能够在现场快速确认问题的绩效支持工具来实现这一目标。一旦确定一个问题,移动绩效支持工具就会在技术服务人员完成任务时带领他们完成维修过程的每一步。iPhone和安卓手机的程序开发出来后,员工只需用自己的智能手机即可。

注意在这个例子中我们并没有琢磨整个项目,只是定义了期望的绩效状态并确定了处理问题的方式。

再看一个例子。假设为了提高销售业绩,在销售时,根据对实际情况的分析帮助客户做决定。以下可以是对期望状态的描述:

客户在商店里决定要购买时,要提高他们的消费意识,让他们知道哪种商品最能满足需求。这个目标可以通过在商店的广告牌上添加二维码来实现。广告牌上还应该有提示语言告诉客户在哪里能下载二维扫描器。

客户扫描二维码会打开一个网页。这个网页会引导客户完成一系列问题,并根据客户对问题的回答向他们推荐商品中最能满足他们需求的商品。完成调查问卷之后,还可以给他们提供一个链接以便他们获取第一次购买这一商品的八折优惠,客户只需要把他们的智能手机递给扫描二维码的收银员。

注意,这时并没有确定问题的总数或如何追踪第一单购买的细节,这两点在之后才能确定。重要的是能清楚将这个期望解释给IT利益相关方和学习开发团队,以便他们知道如何实现这个期望。

注意事项

不要被细节牵绊

管理者经常认为需要把移动学习愿景中的全部细节都充实起来。他们认为需要知道所有内容以及移动学习程序具体的设计、追踪情况。他们可能开始在想 IT 人员是如何处理他们的要求的。当管理者费劲心思做愿景陈述时,他们常常想解释移动学习的系统是什么样子的。要摆脱这些冲动,集中精力解释期望状态以及移动学习为什么合适。确定愿景有足够的细节信息以便别人能够理解愿景,但是没有必要提供所有的细节信息。这就是为什么需要一群利益相关方以及其他部门的人的帮助。

移动学习需考虑的关键要点

既然已经确定要解决的问题,弄清楚了谁是主要受众和次要受众,以及他们对移动学习方案的态度,同时还勾勒出了未来愿景以及期望融入移动学习的方式,那么现在是时候仔细思考为什么移动学习方案是最适合公司的原因了。在这一部分,将要确定方案在什么时候是怎么样满足员工需求的,并且找出移动学习方案的益处。

工 具

回答何时描述基本准则时需要的问题

- 为什么移动学习是最好的传达方法?
- 移动学习如何支持员工实现公司目标?
- 该移动学习项目如何加强或支持这一主题的其他培训项目?
- 移动学习会替代公司的什么培训内容(如果有)? 为什么?
- 预计员工或客户何时会使用移动学习方案?
- 公司将如何从移动学习项目中受益?

受众意愿度

之前，通过对员工的调查知道了他们所用的设备以及在日常生活中如何使用这些设备。现在公布调查结果因为它们与提出的方案相关。如果可能的话，使用图表展示调查结果。

可以用以下方式查看移动设备意愿度调查的结果。目标受众中有多少人已经有移动设备？是什么设备？如果主要受众大多使用 iPhone 或安卓手机，那么就有理由开发一种只在这两种设备上运行的方案。人们已经把移动设备用于私人用途，使用方式是否提出的移动学习解决方案相似？例如，他们是否已经在设备上观看视频，使用办公生产力软件或打游戏？移动学习开发出来之后，受众中有多少人愿意用自己的手机进行移动学习？员工中有多少人属于期望在工作场所使用移动方案的千禧一代？

注意事项

如果数据显示员工还没准备好怎么办？

你可能遇到不愿意使用移动学习方案的受众。这时是否意味着得放弃移动学习呢？在某些情况下回答是肯定的，但是在大多数情况下回答是否定的。此时，你需要做的是如何让员工为移动学习做好准备并且为此制定一个计划。如果员工目前没有智能手机或平板电脑，那么手机就是方案里的关键因素。这样的话公司可能需要在移动设备方面进行投资。如果员工看不出移动学习能让他们的工作更容易，那么必须要教导他们。

切记，把移动学习视同在手机上学习现有课程，受众可能也是这么认为的。我建议你问一下自己：怎么才能让受众开始准备接受一次成功的移动学习体验？如果答案是“我们做不到”，那么移动学习可能就不是适合的解决方案。但是，在大多数情况下移动学习是适合的方案。

移动学习方案如何满足员工的需求

在前面的章节，我们讨论过穆沙和戈特弗雷德森的模型，即五大需求时刻，也就是工作中那些能激励员工学习的时刻。还记得吗？如果你记不住所有五个时刻，在这里又把它们列出来：

1. 学习新技能、知识时（新内容）；
2. 拓展员工学过的知识时（更多内容/背景知识）；
3. 员工需要操作所学的内容时（应用）；
4. 出现问题时（解决问题）；
5. 员工需要学习新的工作方式时。

前两个需求时刻适合于正式学习，而后三个需求时刻适合于非正式学习。

接下来就要考虑清楚移动学习方案将处理哪些时刻，并解释移动学习如何满足这个/些需求。切记，如果要解决的是一个复杂的问题，可能需要涉及多个需求时刻。例如，如果业务流程中有变化，那么意味员工需改变日常工作方式，你可能不得不提供新的学习内容，然后提供绩效支持。这这种情况下，你需清楚每个学习需求时刻，并把每个需求单独拿出来讨论。

确定移动方案的好处

既然已经想清楚了，如何让移动学习体验匹配每个员工的学习需求时刻，那么接下来要确认使用这种培训方法获得的好处。比较每个移动学习元素在这种培训方法与其他培训方法的好处（例如：讲师主导型培训、电子学习、远程学习、纸质工作辅助工具手册、教导等）。比较的同时，切记已经讨论过的一些好处，比如：

- 提供随时随地的学习机会；
- 及时提供内容和信息（在员工最需要的时候）；
- 提供有具体地点和上下文的内容；

- （既为员工也为公司）收集数据；
- 通过延长学习过程增加正式培训的有效性。

定义和评估移动学习效用

既然已经想清楚了为什么移动学习方案是最好的方法，那么就准备好进行移动学习愿景陈述的最后一步。最后一步，是公司中的其他人将如何定义项目的成功。高管们通常把项目的成功等同于投资的适当回报。在后面的章节会探讨这个主题，它并不是本章关注的内容。我们正着眼于关注员工和对公司产生广泛影响的成功因素。

注意事项

移动学习不止五大好处

整本书已经讨论了移动学习的潜在好处。这里主要讨论与其他培训方法相比移动学习有什么特有的好处，这里列举的有关移动学习的好处还不全面。让我们讨论一下具体案例中移动学习的几个好处：

1. 如果公司正在使用一款在移动设备上运行的新软件，那么在移动设备上提供培训就是一个好处。

2. 作为吸引年轻才俊的一种手段，向他们展示你是如何满足他们对移动内容的需求，并提供一个对使用移动设备持友好态度的工作环境。

3. 相比竞争对手，使用移动学习让公司在处理问题的方式上变得与众不同。

切记，要找出公司通过移动学习方案能够得到的所有好处，而不要仅仅列出本书中讨论过的好处 。

如何评估培训的有效性

当提到评估培训方案的有效性时，最常用的一种模式是唐纳德·柯克帕特里克的柯氏四级培训评估模式。在1994年第一次出版《培训项目评估》一书时，他概述了这一模式。对于多数培训发展专业人士来说，他的理论就是检验培训项目是否有效和成功的黄金法则。回顾一下表格5-1，加深对柯氏四级培训评估模式的理解。然后，我们会讨论每一级评估模式。

四级培训评估给了一个评估培训项目的框架。人们听到四级评估首先想到的是学生必须完成一个级别的评估之后，再进行下一个级别。但是，事实并不是那样，这里评估的是一个具体项目。例如，如果正使用一种移动学习绩效支持工具，就不需要评估是否有增长知识（1级）。这看起来似乎不合逻辑，但是很快就会明白了。

表5-1　柯氏四级培训评估总结

级别	评估内容	常用评估方法
1. 反应	学生满意度	调查
2. 学习	学习者知识的增长	学习前测试和学习后测试
3. 行为	所学内容在工作中的应用	观察正在工作的员工（加班）
4. 结果	对公司的影响	内部系统报告和/或计算投资回报

在探讨四级培训评估的细节之前，需要注意的是，写本节内容的目的不是如何执行这些评估，而是提供评估一个成功的移动学习方案所需的信息。你需要与公司的其他人协作，比如IT人员、学习和发展团队或供应商，以便充实各种细节。

评估员工的反应

看一下 1 级。这一级别是要在培训项目结束后马上评估学习者的反应。把这一级别看作一种评估员工如何看待这个学习方式的。通过填写调查表来评估他们的反应。调查表由李克特量表回答的问题和一些只简短的问题组成。组成调查的问题一般不超过 10 个。

1 级的评估主要是一个讲师主导型培训班和电子学习课程。正式学习调查可以处理的一些学习者的反应包括：

1. 培训目标有清晰的定义吗？
2. 涉及的主题与课程有关吗？
3. 学习目标清晰吗？
4. 学习者会在工作中使用他/她学到的东西吗？
5. 学习者在他/她的日常工作中使用所学知识的频率是什么？
6. 培训内容有效吗？
7. 学习者有充足的练习机会吗？
8. 培训班的周期合适吗？

调查员工对移动学习的反应时，需要与培训团队或供应商协作设计有价值的问题。

关键术语

李克特量表(Likert scale)

通常是从五个方面来评估受测者的态度：陈述满意程度、使用频率、对受测者的重要性、或使用的可能性。李克特量表上评估满意程度的五点是非常同意、同意、不确定、不同意、非常不同意。如果不想模棱两可的选项，可以通过删除不确定选项，把量表修改为四点量表。

举 例

正式学习 1 级调查

以下是在参加完会以后，可能要填写的 1 级调查的样表。注意与是/否回答相比，这些问题是如何用陈述表达的。同时还要注意在调查表的底部有两个问题，允许受测者用自己的话说出他/她对会议的感受或反应。

问题	非常同意	同意	不确定	不同意	非常不同意
1. 我觉得花时间参加这次会议很值得。	5	4	3	2	1
2. 这次会议达到了学习目标。	5	4	3	2	1
3. 会议主持人学识渊博。	5	4	3	2	1
4. 会议主持人让与会者参与到会议中来。	5	4	3	2	1
5. 我将会使用在这次会议中学到的内容。	5	4	3	2	1
6. 你最喜欢这次会议的哪些方面？					
7. 你觉得哪里需要改进？					

切记，培训团队设置的问题应该和移动学习项目的目标相关。

智能管理

开展有意义的移动学习 1 级调查

你不负责撰写移动学习方案 1 级调查材料，但是要确保调查材料出现有价值的数据。不要接受诸如“你喜欢这次移动学习体验吗？”这种问题，因为它们无法给出有意义的信息。坚持使用直接与需解决的问题相关的问题。例如，问学习者这次移动学习体验是否帮助他们在销售周期间克服客户的抵触，或是否帮助他们意识到使用新设备的潜在安全风险。记住把这些问题转换成员工可以使用李克特量表的形式来回答，而不是只简单的征求是/否。

评估是否学有所得

培训项目另外一个主要的目的是，评估参与这次培训项目的学习者是否真的增长了知识、改变了态度或提高了技巧。要达到这个目的就要进行一次培训前测验，以评估员工目前的知识水平，然后培训结束时马上进行培训后测验。通过比较两次测试的结果，可以看出经过培训之后员工的知识是否增加了。

有些公司会测试受众在培训之前和之后的知识水平，不过，公司经常只有培训后测验。培训后测验是以培训课程的学习目标为基础，并非用来评估知识的增长与否，但却是决定学生是否能学习下一部分内容或得到学分的一种方式。这里的假设是如果学习者能往下学习新的内容或拿到学分的话，那么就是学有所得。然而，如果培训之前没有了解员工的知识水平，根本无法评估培训是否增长了员工的知识。也许员工已经知道培训中的知识，因此即使他们不参加培训也能通过测试。

评估员工在培训中是否学有所得的关键是要评估三个区域。

1. 培训让学习者学到了什么实质性的知识？
2. 通过培训员工学会了或提高了什么技能？
3. 培训使员工发生了怎样的态度改变？

智能管理

做我们知道的事情

在评估学习项目是否成功时，对移动学习还感觉陌生的管理者会使用他们习惯的其他培训项目：开一门培训课程，课程结束后测试学习者。在测验之前，应该先评估一下测验是否是有效。问问自己为移动学习设计的是哪种解决方案？会给员工提供绩效支持吗？如果是，一个测试不是合适的方法。你恰好在学习者需要培训内容时给他们提供了这些知识吗？如果是，培训后测试或许不能评估培训成功与否的方式。切记，你不需要为了取得项目成功而对四个级别都进行评估。

在所有的情况下，评估员工培训后所增长的知识都是关键。人们经常只想到评估员工所获得实质性知识，却忘记了评估员工在这一级别上技能和态度方面的变化。评估技能需要进行以绩效为基础的评估或模拟，而不是进行标准化的测验。在态度方面，第三方观察是一种最好的评估方法。

MISTAKE PROOFING

防　错

培训测试，真的可以评估知识水平吗？

我们可能认为如果一名学生通过了测验，她/他就学到了知识。然而，想一想普通的测验，它们通常是由判断正误题和多项选择题组成。这类测验根本不能评估真正的知识水平，而是用来评估学生在可能正确的答案中回忆出正确答案的能力。另外，如果在培训之后马上进行测验，学习者是靠短时记忆，而短时记忆会随着时间推移被慢慢淡忘。测验时，在如何真正评估学习者是否增长了知识和技能、是否改变了态度，则需要打破陈规。可以以执行一项任务或使用工作环境中的信息对学生进行测验。在评估员工的知识方面，以绩效为基础的评估或模拟要比标准化的测试更有效。

改变行为

从商业角度来看，我们希望培训项目对公司产生积极的影响，而第一步就是看到员工日常行为的改变。评估行为变化时，首先要考虑到这并不是一劳永逸的事情。建议在培训后不久评估一下，然后再定期评估几次。毕竟，行为改变是要养成一种新的喜好，普通成年人大概需要45天才能让新的行为成为她/他日常生活的一部分，并且不会再重拾旧习惯。通过长期评估可以确信学习者的行为真的发生了变化。

当面观察和对员工进行私人采访经常被结合在一起使用，来评估员工的行为变化。通过结合这两种方法，能看得见实实在在的变化和员工对他们行为变化的感知。

工 具

评估行为变化时的问题

评估行为变化时，需考虑以下问题：

1. 员工在工作中使用新学得知识和技能吗？
2. 员工在工作绩效方面有可以评估的变化吗？
3. 他们能给其他的员工解释他们所学的知识吗？
4. 在一段时间之后，他们是继续新的行为习惯还是回到旧习惯上去了？

为了方便观察，应该给管理者观察员打造观察时所需的工具。工具可以包括员工工作时的检查表或要求员工执行的方案。这些工具会消除任何的主观评估，而且应该与期望的绩效标准和指数一致。评估完成之后，马上向员工反馈他们的绩效以提高员工的工作意识和处理问题的能力。

智能管理

工作场所变化所必需的要素

员工行为变化所需的四种要素:

1. 员工必须愿意改变他们的行为。如果他们缺少改变的愿望和动机,那么就会陷入僵局。

2. 管理者需要确保员工是否知道要做什么、什么时候做以及怎样做,还必须给他们提供执行任务所需的工具。移动学习方案正是在这时被用于改变员工的行为的。

3. 必须为员工提供合适的工作环境和条件。

4. 当他们的行为发生变化之后,必须奖励他们,这一点经常被忘记。

奖励不需要是太大甚至不需要财务激励。奖励可以很简单,比如,在他们的同事面前赞美或表扬那些行为变化的员工。员工通过他们的移动设备使用公司的社交网络是分享员工取得成绩的很好平台。切记在员工改变他们的行为之前,确保已经有了所有这些必要的要素。

评估结果

我们都希望培训项目对公司的业务产生积极的影响。对于某些方案来说,无需进行深度分析。为提高绩效和改变行为而设计的移动学习项目应该会对公司业务产生积极影响。如果评估3级内容并且确定改变已经发生,那么应该会在实际工作中看到变化。现在不是在计算投资回报。计算投资回报,会在第10章进行深入探讨。

这里评估的结果应该与要解决的问题一致,比如,提高销售、减少安全事故、提高生产率或者是提升员工的工作质量。在这里,培训方案会面临严峻的考验:是否达到了愿景陈述中确定的目标。第一步是回顾之前的预期状态中确定的目标,并确定所有需要评估的绩效指标。以下例子,是参考的绩效指标:

- 销售总数
- 完成销售所需的时间
- 上报安全事故数量
- 上报安全事故的严重性
- 废品数字
- 质量评级
- 返工数据
- 客户投诉数量

一旦确定了绩效指标，就需要确定这些数据的出处。你今天有准备好获取这些信息的系统和报表吗？或者需要跟 IT 部门一起去创建自定义报表？

工　具

有关定义和评估的问题

以下是如何定义和评估学习方案是否成功时应该回答的问题。如果在多层次上定义成功，就应该了解每个级别中决定移动学习方案成功的因素。

- 如何定义移动学习项目的成功？
- 要评估什么？
- 评估移动学习项目的信息或数据出自哪里？
- 在学习项目的什么阶段或关键点上你会评估成功？
- 谁负责获得并上报评估结果？
- 如何交流学习项目的成功？

什么时候开始评估移动学习项目的结果？对于大型培训计划，我的建议是在培训项目开展 3～6 个月之后，再评估培训项目对组织的影响。切记你的员工需要时间来改变他们的行为，而且结果也需要等一段时间。评估培训项目不应该只进行一次，而应该在一年之中进行几次。这样就可以排除外在影响的干扰，并能把员工取得的成功归因于培训项目而不是外在的影响因素。注意，当有像业务流程或配备改进的系统等多种因素对员工取得成绩的能力产生影响时，你就会在如何评估移动学习方案对总成绩产生的影响方面遇到挑战。

综　述

让我们讨论一下移动学习的这些级别。切记你要处理的问题、你要创建的移动体验的类型和这是否是你的受众的第一次移动学习体验，这些问题都会对你评估的东西产生影响。无论评估什么，你必须在制定你的方案之前规定成功标准和评估方案有效性的方式。

移动学习更多的是增强培训项目的效果，给你的员工提供额外的环境，赋予他们绩效支持而并非形式化的培训项目。确保你定义移动学习的成功是按照公司里利用移动学习的方式和部署的移动学习的解决方案。

TRICKS OF THE TRADE
应用技巧

逆向工作

我建议你从 4 级开始，通过希望取得的成绩和评估成功的方式来定义成功项目。从 4 级开始，你可以仔细地斟酌和定义行为变化达到预期结果的程度。一旦你确定了发生变化的行为，你自然就会仔细考虑什么知识、技能和态度有待提高。从 4 级开始，你要评估员工对移动学习方案的感觉和反应。切记，不需要定义每个区域的成功；必须确保你用来定义项目成功的所有要素都是可以评估的，并且能证实移动学习项目是成功的。

管理者的必读清单

☑ 在开始移动学习项目之前，你需要将一个切实的愿景传达给高管、IT 人员以及你的学习发展团队或者移动学习供应商。

☑ 确保你能够处理你面临的商业问题，包括如何量化这个问题对所有业务单位或整个公司的影响。

☑ 清楚你的主要和次要受众的组成，以及他们的知识、技能和态度对你要处理的问题的影响。清楚他们目前在个人生活中使用移动设备的方式和他们对移动学习的意愿度。

☑ 清楚记录如何使用移动学习解决业务问题的愿景和你希望受众使用的移动学习后的状态。

☑ 确保移动学习是解决问题的最好方法。清楚为什么移动学习是解决问题最好方法的基本准则。

☑ 定义成功标准，并定义评估移动学习方案的成功和其有效性的方式。需要分析的区域包括学习者对移动学习的反应；他们知识的增加、技能的提高和态度的转变；他们工作行为的变化；以及从商业角度来讲可量化的结果。

第6章　移动学习的要求和期望

一旦你完成记录移动学习愿景，包括确定你目前和未来的状态、概述移动学习的基本原则和定义成功项目，你就可以确定项目要求和期望了。本章主要讨论你需要在计划中解释的两套不同的要求。第一，必须确定利益相关方的要求；第二，必须确定移动学习方案的内容要求。你可以安排团队成员做整理要求的工作，这取决于公司规模的大小，但是，你必须清楚这是关键部分。接下来，我们讨论部署移动学习方案时需要考虑的环境和情景。最后，我们探讨一下对公司将要发生的变化的预期和计划。

明确利益相关方的要求

整理移动学习项目要求，首先要确定项目利益相关方。在列举所有的移动学习项目的利益相关方时，请确定：这些人对他们所代表的人群有掌控权和具有权威性吗？如果他们有，那么请把他们放入了你的利益相关方名单。因为这些人与移动学习的成功有重大的直接利益关系，因此对他们要求要有切实的理解，这非常关键。切记，把你自己也放在利益相关方的名单中。

关键术语

利益相关方

来自更大群体的个人或代表，他们会直接影响项目或会被项目结果直接影响。因此，他/她与移动学习计划的成功有重大利益关系。

防　错

组建全明星团队

管理者们在确定利益相关方的要求时经常犯的一个错误是，他们没有把所有的利益相关方都拉到项目中来。所以，在决定启动移动学习项目时才发现，法务部门还需要核查移动学习内容。这里有一些确定你的利益相关方时需提出的问题。

- 利益相关方有 IT 部门的代表吗？
- 有高管的支持吗？
- 利益相关方有人事部门的代表吗？
- 利益相关方有所有受影响的业务单位的高级管理者们的代表吗？
- 需要让法务部门参与进来吗？
- 有主要受众的代表吗？

切记，利益相关方中要包括任何能够否决方案的人，这很关键。

在确定了所有项目利益相关方之后，接下来就该了解他们所有的要求了。在讨论他们的要求时，要问他们有关成功目标的问题，要问他们对移动学习计划的观点的问题，要问有关执行这个方案的风险问题，要问他们所代表的群体在使用移动设备是有什么可预见的短期和长期的局限性。与利益相关方会面时，与他们讨论一下他们所需要的沟通频率与深度。这次对话也是与他们分享你所预见的他们会在项目开展过程中所扮演的角色的好机会。他们的项目责任可能包括：

- 拥有移动学习内容；
- 提供反馈和审批关键决定；
- 提供项目预算；
- 提供项目所需的资源；
- 为主题深入和解决问题提供清晰的路径；
- 提高他们代表的群体对项目的认识；
- 在公司宣讲移动学习计划。

TRICKS OF THE TRADE
应用技巧

确保要求一致

要整理利益相关方的要求，最好的一种方法就是与利益相关方进行一次积极的对话。然而，有时利益相关方可能会突然跑题，让关键点丢失。为了确保完全掌握了他们的要求并没有遗漏，就可以以书面形式把要求重新提交给他们，让他们检查这些材料，确保材料中已包含他们关心的所有问题。在双方就这些要求达成一致之后，让他们在最终的文件上签字确认。当利益相关方需要在文件上签字时，他们对材料的核查会更全面。

在整理好所有利益相关方的要求之后，就把所有利益相关方召集到一起开会讨论你的数据了。这种方法说明项目成功是团体努力的结果，同时还说明虽然每个利益相关方在项目这件事上都有各自的利益和观点，但是他们会作为一个团队去努力成功。另外，通过以团队的形式对利益相关方的要求进行核查和讨论，你可以充实附加的要求，而且可以找到并恰当处理利益相关方之间的分歧。

明确课程内容需求

在整个过程中，此时已经确定了利益相关方并明确了他们的成功标准。现在是时候确定解决商业问题的内容并让员工达到公司期望了。对于需要涉及的主题你可能有了想法，但是有了想法之后又该何去何从呢？如何证实这些内容能够满足主要受众的需求呢？确定内容需求的时候必须考虑以下关键的区域：清楚员工的知识、技能和态度，清楚现有培训项目的优缺点。

工　具

有关利益相关方要求的问题

整理你利益相关方的要求时，确保你不仅仅把要求列成清单，而是要深入了解他们的要求。以下问题可以帮助你更好地理解利益相关方提出的要求。

- 必须满足什么要求才能使这个项目取得成功？
- 什么时候需要让利益相关方们参与进来？
- 利益相关方的移动学习计划的目标是什么？
- 他们如何定义成功？
- 他们预见的风险因素是什么？
- 他们对项目交流的频率和形式是什么？进行项目交流以便帮助他们了解是否自己的要求正在被满足。
- 如何与他们交流才能获得他们的参与和赞同？
- 什么时候开始与他们团队的交流？他们多久希望听到一次你的汇报？

确定主要受众的需求

确定移动学习的内容需求时，必须首先考虑主要受众的知识水平(knowledge)、技能水平(skills)和能力(abilities)(KSAs)。这里有两点：(1)清楚目标受众目前的状态；(2)比较目标受众目前的状态与你认为是解决商业问题所必需的 KSAs。这并不意味着此时需要进行深度差异分析。了解员工目前的 KSAs 与期望的 KSAs 之间的距离，会让你的学习发展团队有一个好的开始，并在他们进行细致的差异分析时为他们指出正确的方向。切记，不要为项目指定实际的学习目标，而要让专业培训人员牵头来决定。

关键术语

差异分析

以培训之后预期员工的知识水平(knowledge)、技术水平(skills)和能力(abilities)(KSAs)为参照，来详细地分析他们目前的 KSAs。两者的差距或差异将决定所需的培训内容以及移动学习方案的具体学习目标。

应用技巧

确定容易实现的目标

移动学习方案很容易被过度设计。设计方案时，先确定容易处理的问题会是一个好的开始。例如：如果你想设计一个提高技术人员维修速度的方案，那么先确定他们要做的前 10 个维修任务并从这 10 个任务开始设计方案，这样很快就会成功。你会获得有关维修时间的结果反馈，看到培训在哪里需要调整，而且能更快看到结果。你可以稍后再处理一些不太常见的维修任务。

确定学习者的内容需求的一个技巧就是在他们工作时跟随着他们。这样你就能亲自体验到他们的挣扎以及他们遇到的挑战了。你能看到目前他们是否使用以及如何使用提供给他们的工具,并确定培训差距。你也许还会注意到是否需要修改流程,以便让预期的状态成为现实。

确定所需内容的另一个技巧是向员工提问。对,这是调查可以派上用场的另外一个机会,或者你可以采访员工以更多地了解他们的挣扎点,甚至可以了解他们是如何用移动方案处理这个问题的。

一旦确定了目前和未来 KSAs 之间的差距,你就可以制作一份培训的主题清单并说明这些主题将如何支持绩效目标。现在你可以检查一下现有的培训是否包含所需内容或者确定培训材料是怎么展示这些所需内容的。

分析你现有的内容

公司可能已经为你的目标受众创建培训项目花费了大量的时间和金钱,而培训主题就是你的移动方案要处理的内容。花时间对比一下培训项目和你确定的内容需求。找出那些培训项目的优势和劣势,把精力集中在移动方案是如何强化培训体验以获得更深的理解或更好的绩效上。

智能管理

设计移动学习内容的窍门

1. 设计的内容要适合员工使用移动设备的习惯。切记:我们习惯短时间使用移动设备,因此,内容应该被分割成小块。

2. 简化内容。只给员工提供他们需要的信息,不要提供不相干的内容。如果有帮助的话,考虑提供附加内容的链接。

注意事项

培训思维模式

了解你的学习发展团队的思维模式很重要。通常讲师主导型课程和电子课程的培训都会花大量的时间为受训者提供学习所需的背景知识。培训师通过讲故事和使用情境、动画和图片来达到这个目的。另外，培训师可能会解释他们会教什么，为什么他们教的内容对受训者很重要，他们讲课会涉及的内容，什么时候用到这些内容以及培训的步骤。在每个培训阶段结束时，培训师通常都会为受训者把这几点总结出来。

虽然这样对正式培训项目很好，但是移动学习是不同的。在移动学习中，你讲解材料的时间很短，而且情况经常是因为受训者是在工作环境中学习，所以他们已经有背景知识了。如果你的培训团队对移动学习还感到陌生，你就需要经常给他们强化以上几点，直到他们形成移动学习思维模式为止。

在与你的学习发展团队讨论现有的培训和支持内容时，要考虑以下各点：

- 已经给受训者提供了什么内容？用什么方法提供的？
- 培训项目是混合式体验还是正式体验？
- 培训项目是现成的课程还是针对公司的目标的自定义课程？
- 主要受众对现有培训的反应是什么？
- 你会一次性提供所有信息吗？这样做他们很可能记不住那些要点？
- 为了让员工为他们将来的成功做准备，目前的培训内容中有必须要处理的问题吗？
- 现有的培训项目鼓励合作和非正式学习机会吗？
- 为什么你认为现有的培训课程没有效果？
- 在哪些地方可以使用移动学习来提升目前的培训项目？

工　具

关于移动学习内容的问题

这里是确定移动学习内容需求时需要回答的一些问题：

- 员工需要什么内容来提升他们的 KSAs？
- 他们什么时候需要这些内容？他们将在做什么的时候需要这些内容？
- 你能提供给让他们提升自己 KSAs 的最少量的信息是什么？
- 这些内容被细分成短小的片段符合他们使用移动设备的习惯吗？
- 其他培训形式中已经有这些内容了吗？
- 你的移动学习内容如何混合或强化其他培训项目？
- 有什么机会可以通过提供移动学习工具来支持你的员工？
- 这些内容鼓励员工之间的合作和知识分享吗？

考虑环境与情景的影响

在确定移动学习内容需求之后，你就应该记录可能影响移动学习方案的任何环境和情景了。如果你是和学习发展团队一起记录要求，这对于他们可能是新的领域。记住最正式的培训项目，比如：ILT（教师指导训练）或电子学习，是为特定的交付环境而设计的。通常团队不需要考虑受训员工与培训互动时所在的环境和/或形势会对整个方案造成什么影响。所以，你可能会想什么样的环境因素会影响培训项目的设计呢？让我们看三个例子。

设想一下你想给你的零售销售代表提供移动学习的机会。你想让他们最大限度地利用自己的一部分空闲时间去更多地了解销售的产品。这听起来很棒，但是客户却会觉得你的员工是在一边四处走动一边“玩”手机或平板电脑。如果是这样，你会怎么应对？这种情形应该在展开移动学习方案之前就进行处理。这个例子中的情况可能不会对移动学习体验的设计产生影响，但是你需要与你的员工沟通如何处理这种情况。有一种方法就是当员工在上班的闲暇时间积极地学习移动学习课程时，让他们佩戴客户能看到的写着“我在培训”的胸牌。

防 错

亲身体验

核查和记录移动学习的环境和情景时，不要在你的办公桌前做判断，这时，你要走出你的办公室到现场去。你要设身处地地为主要受众着想，亲身体验他们的环境和情景，并且自己进行观察。除了亲自体验之外，询问你的员工，向他们使用移动学习时，担忧会有什么状况。你会得到大量影响设计的信息，而且这些信息也会影响移动学习方案的成功和被采用机率。

接下来让我们看一个可能影响你的移动学习设计的例子。设想一下，你正在设计一个能在汽修技师工作时辅助他们的移动学习方案。你必须要考虑到，在维修过程中，他们腾不出手来使用移动设备。所以，你要问自己，怎么样才能让他们使用移动设备作为辅助呢？一个答案是：他们可以使用特殊的护目镜和语音识别，这就像我们在第四章讨论的宝马汽车增强现实的例子一样。

再看另外一个有关技工培训设计的案例，这个案例把移动学习方案和正式培训结合起来。在员工完成这个课程的正式培训之后，你可以通过发一条提问信息给他们并要求他们把把解决问题的过程记录下来。因为员工们总是很忙碌，所以你可以为他们提供语音识别技术让他们记录自己的想法。这样他们就不必通过在移动设备上打字或有电脑的时候再记录自己的想法。

这里还有其他需要考虑的因素：

- 员工的工作环境很吵吗？佩戴耳塞安全吗？耳塞会给员工带来风险吗？如果他们会有危险，那么音频或视频就不能成为你设计的一部分。
- 你的员工总会有 Wi-Fi 网络使用吗？如果不会，你就应该设计有缓存数据的方案，这样员工就可以在没有 Wi-Fi 连接的时候使用移动学习。

关键术语

缓　存(Cache)

存储从网络或手机应用中提取数据的副本。数据缓存到手机之后，不需要网络连接就可以使用这些数据。智能手机会从手机内存中提取出这些数据。例如，智能手机上的天气预报。如果没有接入网络，你打开天气应用时显示的是上次你使用天气应用时的天气预报。

如果你要给一位移动受众发信息，他们会有在开车的时看信息的风险吗？如果有的话，你就要考虑在你的可接受使用政策中添加一个禁止条款。

你可能会发现，不用考虑任何重要的环境因素或限制，因为这是由你要创建的移动学习体验的类型和意图决定的。我的建议是，在这个过程中早点花时间考虑员工主要会在何时何地访问这些内容或使用这个方案。问问你自己和学习者，什么环境或情景会影响这个方案的使用或者有效性。如果你找到一些阻碍因素，现在把它们记录下来，以便在设计阶段你能和团队一起确保你们已经涉及所有的基础环节并制订了可接受的使用政策。

推动移动学习对员工的改变

在管理一个移动学习计划时，你必须处理好以下两个问题：这个新的学习平台如何改变公司以及如何在这个过程的初期为将要发生的改变做准备？你可以使用造声势、在全公司建立认知和提供支持“三管齐下”的方式解决以上问题。

确定支持者

找到能够增加项目认同度的支持者是完成这一改变的一种方式。将你的支持者看作项目宣传员，他们的主要目标就是让其他人因为项目所赋予的机会而感到兴奋，帮助其他人认识到项目真实的好处。在寻找支持者时，可以注意两类人：领导和同级同事。

注意事项

让你的支持者做好准备

支持者可以在很长的时间内帮助你的员工接受将要发生的改变，并能在你的移动学习方案获得认同和采纳方面助你一臂之力。但是，不要指望他们已经准备好扮演这个角色。引导他们认识到自己角色的重要性。充分讨论以确保他们能把信息传达给员工的方式。提醒他们要直接将好处告诉员工而不仅仅是谈论商业前景。最后，让他们把自己在现场获得的认识传递回来，并就此设定期望值。

首先，让我们看一看来自领导者的支持。高管团队和管理者们需要做实事也需要唱高调。我们都意识到，如果员工听到高层领导说移动学习只是一朝风行的时尚，并没有什么价值，那么员工就不会认同这个新方法。

再看同级支持者。他们应该是目标群体或主要受众同级群体中的人。谁能影响主要受众中的其他员工？是那些被他们的同级群体深深激励的人和那些扮演同样的角色并面临同样的推广移动学习项目的同事么？在很长时间内，同伴的热情能感染到整个公司。同级支持者能讲他们在移动学习方面的努力是如何简化他们的工作的或者如何影响他们学习新技能的。

这里有几个例子。假设你的移动学习方案被调整以适应延长的学习过程。你的支持者应该宣扬这个过程是如何帮助他们记住并应用关键点的。假设你正在展开一个为帮助你的销售团队消除客户意见而设计的新的移动学习项目。支持者就应该能给出具体的例子，说明在现实中这种方法是如何帮助他/她的。移动学习是如何让支持者做好准备去消除客户的担忧并达成交易的。再看一个例子。假设你在设计一个用于提供现场绩效支持的移动学习项目。支持者会宣扬移动绩效支持是如何轻松地引导他们一步步完成工作的，他们在工作过程中不需要记住或者猜测下一步要做什么。

提高认知度

遗憾地是，在很多案例中，公司在投放新的学习项目时，并没有一个切实的传达计划。移动学习不能发生这样的情形。你要改变员工对学习以及学习时间的看法。你需要让员工知道接下来将会发生什么，而且在这个过程中你要早点着手。在三个关键时候你应该积极地为移动学习计划建立认知度：移动学习项目发布之前、发布之时和发布之后，每隔一个固定周期都要有行动。

首先，让你的员工知道会有什么项目。不要等到你展开新方案的时才告诉他们，这样你会丧失等待过程中令人兴奋的新方法在公司被热议的机会，你也会丧失让员工适应新观念的机会。如果员工哪天通过小道消息得知公司发生了变化，那么没有比这更糟糕的了。切记，提前让人们为新的机会感到兴奋，并且通过实例说明他们将如何从这个方法中受益。

注意事项

需传达的两个方面

作为管理者，我们在谈论一个新项目的时候习惯于鼓吹项目的商业前景。毕竟，这是我们与高管和资深领导汇报时要传达的关键信息。但是，从员工的角度来看，最重要的是“这个项目对我有什么好处”。告诉他们这个新的移动学习和/或工作辅助工具会怎样让他们的工作变得简单。诚然，员工从商业角度了解这个项目很重要，但是从员工的角度关注这个项目会在很长的时间内增加移动学习计划的认同度和使用机率，同时也会增加取得预期商业结果的机会。

接下来，在要展开项目时，要与你的团队沟通。通常我建议由一位高管或高级管理者负责这次沟通。让员工们知道公司投资移动学习的原因、对这个项目的期望以及员工的受益方式。司空见惯的是，在与我们的员工交流时，我们总是关注商业层面的改变。如果这个方案将简化他们的工作，把改变的好处推销给他们，而不要向他们推销公司会如何赚更多的钱。你还应该利用这个机会解释你已经创建的移动设备政策以及在这个项目中员工应该到哪里寻求支持。

最后，就项目的成功和进度与你的团队沟通。项目可行吗？公司得到了什么结果？员工得到了什么好处？你预计项目会做什么改变或调整？员工是移动学习方案成功的关键要素，所以让他们知道项目是如何做出来的，这很重要。

智能管理

让员工参与进来

很遗憾，沟通计划在很多时候都是事后耍聪明。移动学习方案马上就要部署，这时有人在会议上提出：“我们怎么把这个方案传达给员工呢?”不要让你自己或你的团队落入这种困境。要让员工全程参与移动学习方案的设计。指定一个人负责沟通计划,确保他或她有一个切实的计划规定在什么时候向员工传达什么。至少,在移动学习方案落实之前,在展开移动学习计划之后和在移动学习项目运行之时,你应该在沟通计划的分享信息方面做出努力。切记,员工是移动学习计划取得成功的关键要素,要尽一切可能赢得他们的认同,并让他们为有移动学习机会而感到兴奋。

提供支持

理论上讲,移动学习方案的使用方法应该简单并且直观。这是否意味着你不需要提供支持了呢?当然不是。在策划移动学习方案时,要考虑员工会需要什么类型的培训才能确保项目成功。需要提供一节有关他们自己怎么使用和爱护移动设备的培训课吗?需要解释可接受使用政策吗?需要教他们怎么使用移动学习项目吗?

注意事项

不要太天真

像其他技术驱动的方案一样,当你展开移动方案时,主要受众就会遇到问题或挑战。就算是最好的策划,有些人还是会遇到问题或在使用方案采用的新技术时陷入挣扎。为了确保做出相应的策划以支持他们的成功。策划支持可以包括一个他们可以拨打的求助咨询电话或员工可以寻求该领域的专家。切记,如果他们遭遇挫折又得不到帮助的话,他们就不会使用你的移动方案。

即使你的受众觉得使用移动设备很顺手,其中仍然有一小部分需要一些有关移动设备的基本培训。例如：我的一个比较聪明的朋友认为把 iPhone 设置为休眠状态与将其关机是一样的。他错了却还辩解说："谁知道呢？自从我买了这部 iPhone 就没有关机过。"至少在移动设备上提供一个工作辅助工具，让每个人都有同样的知识水平，这是个好主意。

培训员工使用移动设备还是一个宣讲可接受使用政策的好机会。例如，如果给员工提供 iPad，公司在下载个人应用或音乐播放清单方面有什么政策？你需要在法律层面上，让他们清楚他们不能在操控像轿车或叉车等机动车辆时使用移动设备查看电邮或回复信息吗？

你提供一份怎样的移动学习项目使用方法的说明，取决于你要部署的移动学习方案的类型。你可以录制一段视频，召开一次在线研讨会，建一套工作辅助工具或者是安排一位专家到现场进行讲解。不要把这个方案想得过于复杂。就像移动学习方案要设计得简单明了一样，提供给员工使用的任何培训都应该简单明了。

工　具

提供支持需要考虑的问题

移动学习项目应该方便操作，并且把培训要求降到最低。为此，在策划你的受众所需支持的水平和类型时，你应该解决以下八个问题：

1. 需要提供何种有关特定设备主题的培训？
2. 如果需要，你会如何给员工提供设备培训？
3. 如何让员工理解公司的可接受使用政策？
4. 需要培训关于移动学习项目的什么特有内容？
5. 在移动学习项目方面，如何培训员工？
6. 员工遇到问题时找谁？
7. 如何追踪寻求支持的电话和问题？
8. 需要什么类型的关于寻求支持电话的报告？多久一次？

除了要预测员工的培训需求之外，你还必须弄清楚他们会到移动学习项目的什么地方寻找他们问题的答案，以及什么时候会出问题。就算使用的是开发得最好的移动学习方案，员工也会遇到各种问题。可能移动设备锁住了；可能他们无法连接 Wi-Fi 网络；也可能他们收到了错误信息或者他们的手机工作的方式与他们想象的不一样。要安排辅助人员帮助员工解决这些问题，这很关键。安排专家现场答疑和设置咨询台是提供此类支持非常好的方式。

管理者的必读清单

☑ 利益相关方是指那些与项目的成功有“重大利害关系”的个人。切记，把你自己放在利益相关方中。

☑ 亲自了解所有利益相关方对成功项目的要求。这包括他们对成功的目标，对移动学习的看法，潜在风险，在他们看来使用移动设备的局限性以及他们在项目过程中偏好的沟通方式。

☑ 记录那些会影响移动学习体验的设计和可接受的使用政策。

☑ 移动学习内容应该以提高员工的知识水平、技术水平和改变他们的态度（KSAs）为基础，以便他们能解决商业问题。

☑ 移动学习内容应该简短、明了，有明确的受众目标。

☑ 在处理与移动学习项目相关的变化时，你必须在展开移动学习方案之前、之时和之后积极主动地通过造声势和增加项目的认知度，告诉员工“移动学习项目对我有什么好处”。

☑ 预测员工在移动设备、移动学习方案和公司有关移动设备的可接受使用政策方面的培训需求，并制定相应的计划。

☑ 设置员工在事情出错或者遇到移动学习项目相关的问题时能够寻求支持的咨询台。

第7章 移动学习的技术注意事项

本书多次指出，移动学习不是科技的问题，但管理者应该知道一些技术知识。本章我们回到科技问题，主要探讨一下谁提供移动设备，安全风险，以及移动平台开发应用的技术因素和移动学习方案的追踪。本章让你对以上每个领域都有一个全面的了解，以便你在和 IT 人员、开发团队和/或供应商谈话时不会对技术一无所知。

本章内容需要一个声明：移动学习领域的技术日新月异，本书的内容可能已经不是 100%准确了。

移动学习设备的来源：个人 VS 公司

如果你已经认定移动学习适合你的公司，那么现在是时候考虑由谁来提供员工使用的设备了。是让员工使用自己的设备，还是公司为他们提供设备？抱歉，对于这个问题没有明确的答案，所以你需要为移动学习方案和公司做出正确的选择。我能告诉你的是，很多公司倾向于“自带设备（BYOD）”，在涉及移动学习时情况尤其如此。所以，让我们先看看 BYOD 有什么优势和劣势。

关键术语

移动平台(Mobile platform)

移动设备运行的硬件和软件，通常指的是移动设备的操作系统。例如苹果 iOS、谷歌安卓、黑莓 OS 和 Windows 手机助手。

BYOD(自带设备)是指公司允许员工能够使用自己的移动设备办公。

BYOD 的优势

论及 BYOD，本书分别从公司和员工两个角度来讨论。

先从公司的角度谈一谈成本节约的问题。你可能会想，如果员工使用他们自己的设备，那么公司就不用在设备上投入了。确实如此，但是成本节约可能不仅仅指设备成本，还有语音通话和流量套餐上的节约。在许多情况下，员工都喜欢用自己现有的套餐以减少开始使用移动学习项目时带来的不便。在有些情况下，公司会对员工现有的流量或短信套餐进行补贴，但不会为员工的整个套餐买单。如果公司购买设备，那么公司还要担负设备月套餐的成本。

从公司角度看，BYOD 还有一个好处是，公司不用为新设备投入却能利用新的移动科技。还记得公司上次给你买电脑是什么时候吗？还记得你等了多长时间才得到一台新电脑吗？我个人用的是公司提供的笔记本电脑，电脑很旧，连机场的运输安全管理局的工作人员都会对我电脑的“年龄”评头论足。我向管理人员申请了很长时间才得到一台新笔记本电脑。我的遭遇不算什么新鲜事。买电脑很贵，不过你可以买一台旧点的，因为电脑技术的进步没有那么快。但是，移动技术就不一样了。移动设备的处理器、手机网络、屏幕尺寸和分辨率、可用传感器等等，每年都会发生重大的变化。这些科技进步会对移动学习方案产生显著的影响。

假设给你的员工购买 iPhone 手机，而 iPhone 产品 1 年之内就会更新。也许你确实不需要最新最棒的科技，但是用不了多久，你买的产品就会过时。如果你允许 BYOD，很可能员工会以比公司更快的速度更新他们的设备。平均来讲，走在前列的手机用户接近每年更新一次手机，而有的人甚至更新得更频繁。另一些人不习惯在最新的科技一问世就更新，而是可能平均每 18—24 个月更新一次。然而即使这样，你也能够比大多数愿意在新科技方面进行投入的公司更快地使用上新科技。

总之，让员工使用自己的移动设备，你可以从以下三个方面达到解决成本的目标：对移动设备的初始投入、服务套餐和设备更新。

除了上述最多的 BYOD 的优势，BYOD 还有另一个优势：增加员工对移动设备的责任感。如果员工使用的是自己的设备，他们会更清楚地知道移动设备是丢了还是被遗弃在了某个角落。

我曾见过员工当天离开办公室却把公司提供的设备扔在他们的桌子上，根本不考虑设备是否会被盗或者是否会有人看设备上的信息。虽然公司的规章明文规定员工应该始终把公司提供的设备置于安全场所，这种情况还是会发生。

如果手机是他们自己的，他们还会那样做吗？可能不会。相反，他们要么会回办公室去取他们的移动设备要么会给还在办公室的人打电话确认他们的电话还在，并让那个人替他一直把它保管到第二天。如果他既回不去又找不到人帮忙，那么他可能会整晚担心自己的手机。毕竟，手机上有他们的私人信息，而且他们不想手机落入坏人之手或者是被人偷走。

如果是自己的设备，员工还会更加爱护它们。如果设备损坏了，他们毕竟要自己掏腰包置换或维修设备。如果是公司的设备，员工知道不用他们花钱公司就会置换损坏的设备。

既然我们已经从公司角度讨论了 BYOD 的优势，接下来我们从员工的角度来看一下 BYOD 的优势。对于员工来说，BYOD 有两个好处：更满足、更方便。BYOD 让员工使用移动设备，也符合他们使用习惯，因为手机等移动设备已经是他们生活中的一部分了。这意味着他们使用自己选择的设备一般会比使用公司为他们挑选的不熟悉的设备感到更舒适。员工不仅不需要学习如何使用公司的设备，不用去习惯不同的键盘或屏幕尺寸，而且他们对自己的学习体验也能有一定程度的掌控。使用自己设备的员工就不用每天带着很多的设备，这是 BYOD 为员工带来更多满足感和方便的另一种方式。

智能管理

公司设备可能会降低员工的生产效率

人是受习惯支配的生物。我们习惯了使用设备工作的方式，而使用它们对我们大多数人来说是第二本能。然而，回想一下你第一次使用智能手机的时候，你必须要了解它的使用方法，并习惯它的硬件设备。并不是所有的智能手机都是一样的，屏幕尺寸不一样，键盘不一样，就连操作系统也不一样。对于 iPhone 用户来说，使用安卓设备是令人沮丧的体验。甚至对于安卓用户来说，没有两个安卓设备是一模一样的。安卓操作系统是开放源码，这就意味着硬件生产商能够自定义设备的硬件、功能以及用户与设备互动的方式。了解了这一点，在让员工学习使用新的设备时，你就应该知道生产效率可能会因为员工要弄清楚怎么在使用新设备而下降。

此外，你可能会因为一些硬件问题（比如键盘）而长期承受生产效率下降带来的损失。如果你的公司使用的是小型设备，那么那些手大的员工在使用设备时会感到很沮丧且容易出错。

BYOD 的劣势

我们已经探讨了 BYOD 能够让公司和员工受益的所有方式，那么接下来谈一谈一些潜在的消极因素或挑战。首先，IT 部门可能会提出的 BYOD 的负面影响：安全风险和支持成本。如果公司已经采用 BYOD 政策,那么 IT 部门很可能想要在公司的安全风险方面和它们面临的要给各种移动平台提供支持的挑战方面给你上一课。让我们先处理一下 IT 部门对于 BYOD 的担忧。

防　错

BYOD 政策

IT 部门可能已经出台过公司的 BYOD 政策。如果是这样,你必须理解 BYOD 政策并且清楚政策会如何影响你的移动学习方案,同时要确保你的员工明白这个政策对他们意味着什么。BYOD 政策至少要包括以下信息:允许使用的设备,公司能够提供支持的水平,安全政策,可接受使用政策,应用和数据的所有权,任何禁止使用的应用识别以及确保员工离职后返还他们设备上的信息的政策。如果还没有这些政策,就要去和 IT 部门讨论一下制定这些政策并讨论你如何作为推手制定政策,以确保移动学习的要求能被理解而且是可实现的。

让我们先讨论一下对安全风险增加的担忧。如果员工把他/她的手机丢了,那么公司要承担多大的风险呢?手机上有机密信息吗?未经授权的用户有可能使用这部手机访问公司的网络吗?这些都是我们在下一章节要讨论的重要问题,所以现在我们不用过多地考虑。但是,要意识到允许员工使用自己的设备就是向更多的安全风险敞开了大门,而这些风险是你必须应对的。

另一个挑战是对各种不同的设备提供支持。IT 部门如何才能管理和支持各种使用不同操作系统的设备?如何分辨员工是因为个人原因还是商务原因使用他们的移动设备?你的咨询台如何支持他们使用不熟悉的设备?与这一附加支持相关的成本是什么?这些都是 IT 部门必须解决的重要问题。

有解决这些挑战的方案吗?一些公司提供了设备,这些设备缩小了风险范围。而对于接受 BYOD 的公司来说,可能它们现在正在使用或寻找移动设备管理软件来应对在 BYOD 方面的这些担忧。甚至给员工提供设备的公司也会使用移动设备管理软件，以实现移动设备管理的自动化和简化，并给设备安全加码。

最后，有关 BYOD 的考虑或挑战是专门针对管理者的。如果你让员工使用自己的设备，因为你要给使用各种移动平台的受众开发应用，所以你会增加你开发工作的范围。是开发一款本地应用还是网络应用？两种应用各有什么优缺点？我们会在本章的后面章节讨论这个技术问题。

关键术语

移动设备管理(MDM)

这是一个软件或工具，它允许 IT 部门远程设置、监视和支持公司的移动设备。比如，通过使用 MDM，IT 部门能远程提示操作系统更新，设置访问网络资源的个人账号，远程支持、检修设备，确保设备层面的安全功能。

安全注意事项

我们已经讨论了 BYOD 的优劣势，接下来我们讨论安全方面的问题。当想到移动学习和安全时，你脑海里浮现的是什么问题？这里是一些人们问我最多的问题。

- 员工要是丢掉了他们的手机或平板电脑怎么办？
- 员工离职时把移动学习应用下载到了他/她的私人设备上，公司该怎么做？
- 如何保护公司的专有信息？
- 公司计划开发本地移动学习应用，但是不能把它们放到每个人(包括竞争对手在内)都能看到它们的应用商店中，怎么办？

注意事项

对移动学习安全的疑惑

部署任何企业技术时，你都需要进行尽职调查以保证公司的专有信息的安全，移动学习也不例外。但是，许多移动学习和安全专家，例如 OnPoint Digital 公司的罗伯特·嘉德，认为移动学习其实比电子学习课程更安全。与 IT 部门一起记录安全担忧，并比较你的担忧与 IT 部门的担忧，然后制订一个消除所有人的安全担忧的计划。不要让移动科技不安全的疑惑或误解阻止你继续向前推进使用移动学习的愿景。

这些问题都是实实在在的，而这些担忧也都是有道理的，不过它们都能够得到很好的解决。实际上，也许公司在更广的范围，而不仅仅是在移动学习方面，已经使用可以应对这些移动安全问题的移动应用管理软件了。

移动应用管理软件(MAM)

希望你不要有这样的印象：移动应用管理软件(MAM)只是关于安全的软件。不过，安全性是 MAM 的一个主要的功能。从更广的范围来看，MAM 软件允许你在移动设备上分配并管理移动应用，为你提供安全保障，也可以用于追踪用途。现在你从整体上了解了 MAM，接下来我们再回到那些安全担忧上来。

关键术语

移动应用管理(MAM)软件

让网络管理员控制员工的移动设备上的应用。MAM 软件允许你创建公司的应用商店并发布内容，添加应用安全和追踪员工对内容的使用情况。像其他任何软件程序一样，各个供应商的应用功能和能力大相径庭。

如果员工对他们的设备不管不顾，把设备放错地方或者把设备丢了该怎么办？在这些情况下，你需要考虑两个问题。第一个问题是短期问题，就是有人会得到这个设备并访问相关应用。通过使用 MAM 软件，认证过程是受追踪的，如果认证失败，那么应用就会被禁用。例如，让我们假设有人连续 3 次输错了密码，这时 MAM 软件就会介入并禁用相关应用。如果员工把设备丢了或者离开了公司怎么办？MAM 软件会通过远程操作从他/她的移动设备上清除公司的应用和相关数据。

关键术语

清除(Wipe)

一种安全功能，允许网络管理员使用 MAM 软件从移动设备上抹除数据。使用 MAM 软件只会抹除特定公司的应用，不会对员工的私人应用和数据产生任何影响。

注意事项

MAM 不会保证物理设备的安全

如果你也想在移动设备上而不仅仅是在创建的应用上采取安全措施，那么你就需要与你的 IT 部门讨论一下移动设备管理(MDM)软件。MDM 允许你的 IT 部门管理和支持你的员工使用的各种手机。MDM 的一个功能就是添加设备安全措施。在设备层面，可以使用设备 PIN 码或密码，把设备清除干净，远程锁定设备，进行越狱检测和激活和/或加密操作。MDM 供应商经常会涵盖 MAM 的一些功能，但是，它们确实是截然不同的两种产品。MDM 控制设备，而 MAM 控制设备上的应用。

如果把公司的移动学习应用放在苹果应用商店或谷歌商城的公共版本上，你会不会担心？你当然会担心。严肃地讲，谁会真想把自己公司的学习程序放在公共场所里呢？MAM 软件的一个功能就是允许建立私人应用商店（包括你自己的品牌）并在那里发布你自己的应用。甚至你可以指定哪些员工可以访问哪些应用。本书在这里使用应用这个字眼，所指的不仅仅是应用。在很多情况下，你还可以发布其他的培训文献和多媒体文件。

从用户的角度来看，MAM 是怎么工作的？员工只需要选中公司商店的图标就能查看移动学习应用的清单，并选择要下载的移动学习应用。

没有比这再简单的了。有些 MAM 软件不需要学习者做任何事情，就可以将应用直接推送（下载）到他们的设备上，这种功能叫“空中安装”。你也可以选择空中推送应用更新。MAM 不仅带来更多的安全还简化了应用的发布过程。

TRICKS OF THE TRADE

应用技巧

使用 MAM 评估项目的成功

MAM 程序可以追踪大量能帮助你确定移动学习是否有效的使用数据。例如：能追踪谁下载了公司每一款移动学习应用，某个具体员工何时访问了哪个应用以及访问的次数，这个员工在那个平台上使用这款应用和许多其他的使用数据。如果公司已经使用 MAM 软件，你可以借助这个程序追踪和报告数据。这会帮助你评估移动学习方案。

移动平台

到这里，我们已经讨论过 BYOD 的优劣势，让你和 IT 部门之间的对话做好了准备，也清除了 IT 部门可能有的担忧，MDM 和

MAM 软件可以解决安全隐患。现在让我们讨论一下移动平台。

移动平台市场处于不断的发展变化中，这并不奇怪。过去，黑莓是智能手机用户的选择。然而，市场在过去几年中已经发生了巨大的变化，可能现在员工中约有三分之二使用的是谷歌安卓平台或苹果 iOS 平台。而其余的员工可能使用的是黑莓 OS、三星 Bada 或者 Windows 手机助手。

为什么要关心平台呢？两个主要原因：安全因素和应用开发因素。

安全性

前面谈过安全因素了，但是你应该知道，每个移动平台都把自己的安全措施植入了移动设备。简单来讲，最安全的企业级平台是黑莓 OS。甚至到现在奥巴马总统都在使用黑莓，就是因为黑莓平台提供高级别的安全措施。然而，就像之前讨论的一样，可能公司员工中只有一小部分人（而这些人之中的大多数人可能是高管级别的人）使用这个平台。

虽然谷歌、安卓是两个市场领导者，但是现在谷歌的安卓平台却是最不安全的。员工在买移动设备时可能不会太多考虑安全问题。但是，公司的 IT 部门却会担心各种设备在移动平台层面的安全问题。

本地应用 VS 网络应用

另个问题是移动平台带来的有关开发移动应用的技术因素。当我与管理者们谈论移动学习时，他们首先倾向于创建一个能够在各种移动平台和设备上运行的本地移动学习应用。在开始创建本地应用之前，你应该知道一些技术因素，以确保开发本地应用是最好的决定。

注意事项

安卓平台开发因素

许多人对于安卓开放源码操作系统提供的灵活性都赞赏有加兴奋。但是，安卓开放源码操作系统的确带来了一些挑战，公司在设计和开发本地移动应用时必须积极主动地应对。你的本地应用难以在所有的设备上自动运行。挑战包括：

■ 每个生产商都控制着其设备在哪种版本的安卓平台上运行。

■ 安卓设备没有标准化。生产商可以添加功能，也可以禁用功能。例如：亚马逊金读之光使用的是安卓 OS，但是，其网络音频功能已经被禁用了。生产商还控制着设备上的哪个按钮有什么功能。这对公司的开发团队意味着什么呢？这意味着他们不能指望某个特定的按钮可以执行某一特定功能。

■ 操作系统的更新是由其承载者（比如威瑞森、Sprint、摩托罗拉、AT&T）发布的。手机所有商在老版的软件上运行其设备，这是很常见的。如果你的公司使用的是 MDM 软件，这可能就不是问题，因为 MDM 能够向你的员工的手机上推送更新。

在本书前面的章节，我们谈及了创建应用的两种方法：本地和网络。你可以创建专门为每个平台开发的本地应用，并把所有的应用数据存储在移动设备上。你也可以开发一个通过使用一套编码就能在多个平台上运行的网络应用，但那是应用的所有内容都要通过移动浏览器或者因特网进行访问。管理者们通常觉得“应用就是应用”，而并不明白不同应用之间的区别。在表 7-1 中本书总结了本地应用和网络应用之间的一些基本的技术区别。

表 7-1 本地应用和网络应用技术因素对比

属性	本地应用	网络应用
平　台	专门为每个平台设计	在多个平台上运行
开发工具	特定平台软件开发包和整体开发环境	一套常用的网络开发工具编码，比如 HTML5、CSS 和 JavaScript
访问方式	在设备上下载并储存	移动浏览器
网络连接	不需要访问内容	要求网络连接
内容更新	需要更新应用并下载到设备上	一经发布马上可用
特有设备功能访问	全路径	有限路径
性　能	高性能	基于网络连接性的低性能
丰富用户体验和互动	非常高	低

什么时候应该使用本地应用？什么时候应该使用网络应用？对此，并没有一成不变的准则，但这里有一些可供参考的想法。当你想使用特有的功能时，本地应用是很好的选择。当你需要丰富的用户体验和互动时，就像在移动学习游戏中那样，本地应用也是正确的选择。如果你的内容主要是以文本为基础的而且不需要很多的用户互动，那么网络应用可能是正确的选择。如果你的内容在不断发生变化，那么网络应用可能是你需要选择的正确路径，因为网络应用更新之后马上就是可用的。当你需要你的应用在大量的设备上都能访问的时候，网络应用也是一个好的选择，因为你只需要开发一套编码就行了。

注意事项

所有的浏览器不都是一样的吗?

大多数非技术人员都会认为,无论你是使用移动设备还是用你的笔记本电脑,访问网络浏览器的工作方式是一样的。其实,移动浏览器工作的方式与以电脑为基础的网络浏览器的工作方式迥然不同。例如:如果你从你的带有音频文件的移动设备上访问网络应用,网络应用不会自动播放。你需要点击链接才能听音频文件。在一些情况下,这个操作还会打开一个新的窗口。每种移动浏览器都不一样,所以你的团队必须清楚各种移动浏览器的局限性以及各种移动浏览器的不同会对你的方案设计造成什么影响。

混合模式移动应用

其实,还有第三种应用,即混合模式移动应用,你可以和开发团队讨论一下。混合模式移动应用把本地应用和网络应用的一些最佳属性都融合在一个方案中。简言之,内容是以网络应用的形式开发的,然后在这个应用周围包上本地应用程序包,使得这个应用能直接与移动平台进行交流。混合模式移动应用直接下载到员工的设备上,而学习内容会缓存在设备上。这种应用不再需要有效网络连接,与网络应用相比性能提高了。因此,在同时受益于多平台支持的灵活性和移动应用内容更新的便捷性的情况下,你还能提供本地应用的丰富的用户体验和速度。

但是,混合模式移动应用并不总是最好的选择。例如:如果你的目标是创建高互动性移动学习游戏,那么本地应用可能是最好的选择。如果你的内容基于文本的程度很高又不需要丰富的用户体验,那么网络应用可能是你最好的选择。最后,你应该列一份有实际要求以及最能满足这些要求的选项的清单,并结合你的预算和能力决定选择什么应用。

跟踪移动学习的体验

可共享内容对象参考模型(SCORM)

关键术语

指一套规定你的电子学习课程如何与学习管理系统(LMS)交流的标准和技术规范。SCORM 的前提是任何电子学习内容都会在任何标准学习管理系统上播放。SCORM 是由美国政府的高级分布式学习(ADL)(Advanced Distributed Learning)于 2000 年开发的，有 3 个版本：1.1、1.2 和 2004。

通常，当人们谈论追踪学习活动时，他们首先想到的是使用他们现有的学习管理系统(LMS)。因为公司已经在 LMS 科技方面进行了投入，所以第一个设想是把公司的移动学习添加到现有的 LMS 上。但是，在开始那样做之前，你必须确保清楚 LMS 支持移动学习的能力。LMS 行业在这方面一直都有收益。但是，你应该意识到那不仅仅是有一个能支持移动学习的 LMS，而且要理解 SCORM 和这个标准给移动学习带来的局限性。

LMS 和 SCORM 对移动学习的局限性

当提到电子学习和学习管理系统(LMS)是如何交流的时候，SCORM 就是行业标准。SCORM 还决定你能追踪什么数据。你的 LMS 只会追踪课程内发生的事情，而且甚至在课程内追踪时，你也被限制在 LMS 上可存储的数据中。这会包括以下信息，例如：(如果员工已经完成一门课程)完成这门课程所用的总时间、上次评估的分数和他或她这门课程是否及格。这种数据对于你的移动学习方案有意义吗？很可能没有。

你还需要知道 LMS 的其他一些局限性。首先，你的培训课程必须在网络浏览器中使用。在大多数情况下，公司必须具备有效的网络连接。再者，保存到 LMS 中的唯一的时间数据是员工结束课程时的时间。最后，学习内容必须从 LMS 中提取。这对移动方案意味着什么？你将不能追踪你的移动应用、绩效支持、浸入式模拟或使用 SCORM 标准的游戏和 LMS。

这是否意味着我们被局限在 LMS 和 SCORM 这个古老的世界中了呢？绝对不是。最近，发生了根本性变化：Tin Can API。

Tin Can 和学习记录库

关键术语

Tin Can API

是指电子学习和移动学习的新的弹性标准，它允许你追踪来自任何设备的任何学习体验并且允许你把这些数据存储到学习记录库中，又称“Experience API”或“下一代 SCORM”。

随着移动学习体验的演变，ADL 发布了 SCORM 的新版本——Tin Can API。Tin Can API 在追踪移动学习的内容和追踪方式方面带来了革命性的变化。使用 Tin Can API，我们能追踪来自任何设备上的任何学习行为，而且克服了 SCORM 的局限性。例如：你现在可以追踪公司员工在移动应用、游戏、模拟、网站甚至工作中的任何行为或体验。你可以给一位员工存储多个记录。而且，你可以在任何地方访问这些内容，不再受 SCORM 的限制。

关键术语

学习记录库（LRS）

指使用 Tin Can API 存储所有学习记录的数据存储库。存储在学习记录库中的数据可以被 LMS 或者报表工具访问，或者可以把它与其他内部系统整合在一起。

工具

Tin Can 声明的结构

如果你想收集有关移动方案信息的行动，Tin Can API 应该可以帮助你。有很多关于 Tin Can 声明的技术信息，让我们从管理者的角度关注一下名词、动词、宾语的结构。任何可以被表达的行动都能被存储到学习记录库中。如果员工成功完成了一部分游戏，你可以追踪。如果员工在他们的手机上看视频，你也可以追踪。追踪的可能性不局限于移动学习，任何学习体验都可以使用 Tin Can API 追踪并存储到 LRS 中。

Tin Can API 会把员工的行动存储在学习存储库（LRS）中，而学习存储库可以被你的 LMS 和其他报表工具访问。虽然 Tin Can API 面世不久，但是市场上的一些移动学习平台和 LMS 供应商已经给他们的系统添加了 LRS 用来支持 Tin Can API。他们正在提升自己目前的产品以便利用这个新的 API，并充分使用保存的员工学习体验和相关报告的大量数据，而不仅是利用那些只在 LMS 中发现的数据。这是追踪移动学习的游戏规则颠覆者，被 SCORM 限制了多年之后，终于在隧道的尽头看到了光明。

智能管理

自学 Tin Can API

你不需要知道 Tin Can API 和 LRS 的所有细节，但是应该了解一下这个新概念，对其功能做一个基本的了解并摸索一下它的用途，这样有利于与你的内部团队，例如人力资源、学习和开发以及 IT 进行交流。因为这是个新概念，所以这也是一个冒险，因为公司的其他人可能跟不上 Tin Can 的速度。在这种情况下，他们可能会被限制在之前的 SCORM 的版本上，你现有的 LMS 的能力上，或者建议你使用网络服务等科技保存有关你学习体验的数据。

管理者的必读清单

☑ BYOD是现在最热门的商务潮流。你和员工都应该明白公司的BYOD政策。

☑ 关于各种移动平台，没有什么标准可言。屏幕尺寸、处理器的速度和输入机制以及各种操作系统都有所不同。

☑ 使用移动设备管理（MDM）和移动应用管理（MAM）软件是解除移动科技安全隐患的一种方法。

☑ 根据具体要求确定要创建合适的应用类型（本地应用、网络应用或混合模式移动应用）。

☑ 使用Tin Can API和学习记录库时对移动学习的追踪潜力是无穷的。

第8章 自建还是购买

几乎任何类型的项目都会面临这样的时刻：你得决定是利用现有的内部资源来构建解决方案，还是寻求与外部供应商的合作。本章的内容将会帮你做出决定。首先，我们需要了解，你的公司里还有谁已经走在了利用移动技术的道路上，然后我们会帮助你了解他们在这个过程中可能学到了些什么。我们将讨论组建一个移动学习开发团队所需的各种角色，以及通向成功所需的关键技能。

一旦你对公司的内部能力有了相应的了解，我们就可以讨论为什么你可能需要和外部供应商合作，并且我们会为你准备一些向潜在的供应商提出的问题。至于使用供应商是否是一个恰当的解决问题的办法，这并没有一个非错即对的答案，不过在读完这个章节之后，你应该就能为你的项目做出正确的选择。首先，在你的公司里找出哪些人在使用移动技术方面有创新之举，并看看可以从他们的经验中学到些什么。

寻找公司创新细胞①

自建还是购买？可以看看先行者的做法。在公司里是否有某个特定的团队在创新和移动技术方面先行一步？他们有哪些关键

① 译者注：创新细胞(Innovation Cell)这个说法是由德国汽车配件供应商 Hella 提出的，它说服了 BMW 也采用了这个说法。他们提出了一个开发团队的概念并以 Innovation Cell 为之命名，该开发团队具有持续创造突破性创新的潜力。

经验？他们是否有现成的技术可以为你的团队所利用？他们可以给你什么建议？你所在公司可能会有一个专门为其他业务部门提供创新业务解决方案的部门，甚至还可能有某个顶着诸如“创新主管”此类头衔的人物。如果真的有这样一个人，那么他/她将会是一个非常不错的起始点。对于我们大多数人来说，要想找到这样一个引领移动技术创新的团队并不容易。本章会为你指出你应该着重了解的业务部门，以及它们中的某个部门如何利用移动技术实现业务增值。

工具

需要问的问题

一旦你确定了在公司里是哪个团队在利用移动技术进行创新，你肯定会想找个经理或者其他关键利益相关者来谈谈在实施移动技术方面，他们究竟学到了什么。这里列出了 12 个关键的问题来帮助你更好地进行谈话。

1. 那个团队是如何使用移动技术的？
2. 他们取得了哪些成就？
3. 他们经历了哪些失败，以及他们是怎样战胜失败的？
4. 他们吸取了哪些关键的教训？
5. 如果可以重新再做那个项目，他们会采取怎样不同的方式？
6. 他们是利用公司内部资源开发该项目？还是和供应商合作？
7. 他们在挑选供应商时采取了什么样的流程？如果他们可以再选一次的话，他们会做出何种改变？
8. 他们选择了哪个供应商？
9. 在与该供应商成功合作方面他们有何诀窍？

10. 他们遇到了哪些来自内部的挑战，对于如何成功应付这些挑战，他们能给出怎样的建议？

11. 他们可以给你和你的团队提供什么样的资源以提升你的移动学习项目成功的可能性？

12. 公司内部有什么现有的技术可用于支持移动技术的部署？

人力资源部

对于很多管理者来说，当提到移动学习创新时，首先想到的团队就是人力资源部。毕竟，在公司里，负责学习相关事务的很可能就是他们了。虽然情况可能确实如此，但当你和他们交谈的时候，很有可能会发现他们并非主要的创新者。

为什么我会这么说？对于这种新的学习方式，在移动学习的研发以及相应的技术支持上，需要有相当规模的投资。在很多情况下，人力资源部并没有相应的核准预算来独立进行投资，因此，最后往往是另一个部门起了主导作用。虽然人力资源部会是项目的主要合作伙伴和利益相关者之一，但很可能它们并不会在这项新技术上起主导主用。话虽如此，你还是应该和学习与开发团队的负责人聊聊（他/她很可能直接向人力资源部的主管汇报工作），看看他/她的团队在移动学习项目的设计、开发、部署以及支持方面都有哪些经验。

智能管理

人力资源部可以协助你做决定

虽然你可能发现，人力资源部并不一定是移动学习领域的创新者，但是不论在选择利用内部资源构建解决方案还是和供应商合作这个问题上，它依然极有可能会参与最终的决策。因此，人力资源部是你应该首先与之交谈的团队之一。在与人力资源部交谈时，可以先提出下列8个问题：

1. 对于利用移动技术来提供培训及绩效支持，人力资源部持何种理念？人力资源部会怎样帮助我们实现我们的移动愿景？

2. 人力资源部在设计开发移动学习项目方面有无经验？如果有的话，使用过多少方案？营造了哪些类型的移动体验？

3. 他们使用了何种开发流程？（关于这个主题以及这个问题的重要性，我们将会在后面的章节谈到）

4. 你公司的学习管理系统（LMS）是否对移动设备友好？如果是的话，它支持哪些类型的用户体验？

5. 人力资源部在学习管理系统中是否部署了自定义内容？还是只有第三方内容？

6. 公司是否有现成的移动学习平台？如果有的话，它支持哪些类型的学习体验？提供何种类型的内容创建工具？

7. 人力资源团队进行了何种职业发展培训来为移动学习做好准备？

8. 人力资源部将如何展望与我们的合作？（这个问题不仅涵盖关于决定构建还是购买的短期目标，还包括整个的移动学习之旅）

市场部

另一个你应该与之交流的部门是市场部。为什么市场部会对引领移动技术感兴趣？仔细想想这个问题。这个部门负责了解客户的需求，同时负责品牌相关事务。移动技术则为支持这一任务提供了优质的媒介。也许市场部并未将其归类为移动学习，但很可能他们已经在移动技术上进行了投资，并将其用于扩大品牌知名度以及获取现有和潜在客户的信息。

关键术语

移动学习平台(Mobile Learning Platform)

用于创建、发布以及管理多种移动学习体验的软件和/或硬件。它可以包括内容创建工具、安全解决方案、移动学习内容的打包和实施,以及跟踪功能。

市场部可能通过这样一些方式使用移动技术:短信、移动网站、广告游戏、二维码、移动应用程序、视频,甚至结合印刷材料的扩增实境(又称为"增强现实")。尽管在引领移动技术创新方面,市场部可能并不是你最先想到的部门,但很可能他们在移动领域有既得利益,而且他们很可能掌控着公司的移动创新中心。

关键术语

广告游戏(Advergame)

包含针对特定公司、品牌或产品的广告的电子游戏。公司主要以两种方式使用广告游戏:第一种是赞助一个流行的电子游戏。尽管这包括直接的赞助广告,理想状况是将该公司、品牌或产品嵌入实际的游戏体验中。第二种方式,也是目前流行的方式,就是投资制作一个完整的游戏。游戏会通过公司网站或应用商店来发行。比如M&M牌巧克力工厂游戏就是通过苹果的iTunes发行的。在这个游戏里,玩家必须让M&M人物们免遭被扔进热牛奶巧克力而融化的命运。

销售部

对于很多公司来说,销售部就是公司的生命线,因此销售部可能早已在移动技术创新上进行了投入。毕竟,这个部门可能在公司采用"自带设备上班"(BYOD)政策,或者其他部门还在考虑是否使用移动技术之前，它们很早就开始使用个人移动设备来提高销售效率了。很有可能销售部已经在利用创新的方式将该技术融入工作了。销售部可以利用移动应用程序精简销售流程，建立电子商务网站，利用移动绩效支持功能完成销售，甚至利用移动学习功能对销售队伍就产品新改进或者新产品进行培训。

注意事项

IT(信息技术)部

你可能会首先想到公司的 IT 部。毕竟，我们讨论的是移动技术，而 IT 说到底不就是技术嘛。IT 部很可能会成为你的项目的一个关键利益相关者，而且是一条确保你的解决方案的安全性以及支持与其他内部系统进行数据整合的生命线。然而，你首先得问自己以下几个问题：

- IT 部是否真的在利用技术来创新？还是仅仅只对其提供技术支持？
- IT 部是否愿意利用移动学习来创新？

你和 IT 部目标可能并不一致，而且移动技术可能会给他们带来一些不受欢迎的挑战。不要让他们带来的任何阻力阻挡你实现愿景的前进脚步，同时也要记得将他们纳入利益相关者范围。

客户服务部

是的，你没看错，的确是“客户服务部”。我们通常可能会认为客户服务部就是呼叫中心。不幸的是，对于很多用户来说，他们会立刻想到与客户服务部之间产生的不愉快的经历。的确，对于复杂的问题，直接打个电话可能会是最好的解决方式，但是，在很多情况下，似乎应该有更快、更高效、压力更少的解决方案。那么，移动应用程序可能就是这样的答案。一些客户服务团队正开始利用移动技术和应用程序为客户提供自助服务的选择，以解决那些最常见的问题。你应该把客户服务部作为潜在的利用移动技术的创新者和利益相关者进行了解。

智能管理

留意你们公司所有可能的部门

人力资源部，客户服务部，销售部，市场部以及IT部并不是仅有的可能拥有移动创新细胞的团队。每个公司不尽相同，因此下面补充列出一些部门供你了解。

- 制造部
- 研发部
- 咨询服务部
- 产品开发部
- 收发部

学习与发展团队由什么样的人组成

在公司里的各个移动创新者有过交流之后，你就可以开始决定你该选择利用内部资源构建移动学习解决方案还是选择与外部供应商合作。下一步你该确定你是否有相应的内部资源来设计和开发你的解决方案，以及员工是否拥有所需的技能。在这一节，我们将讨论团队的成员和所需的技能，以及他们与在线学习团队所需技能的不同。本节的讨论将为你提供一个完整的全貌，以评估你的学习和开发团队是否可以确保成功。

注意事项

在线学习的经验并不够

很多管理者会期待学习和开发团队提供可利用的资源，而通常这些资源往往都和在线学习相关。尽管移动学习和在线学习都会利用到技术，但它们其实是完全不同的做法。除了确保创造各种学习体验之外，移动学习需要的技能组更偏向于典型的 IT 技能，比如网站设计和应用程序开发。移动学习还需要用到 IT 开发方法，这个我们会在本书稍后的章节讲到。当你评估移动学习团队所需的角色和技能时，去找学习和开发团队谈谈，同时也和 IT 部谈谈。

典型的移动学习团队由以下各个角色构成

- 项目经理
- 主题专家
- 教学设计师
- 界面和可用性设计师
- 开发人员
- 测试人员

注意事项

利益相关者也是团队的组成部分

鉴于我们已经在本书之前的部分讨论过利益相关者的重要性，我并没有把他们列入参与者名单。然而，这并不意味着他们就不会在项目中发挥积极作用。满足他们的要求是项目成功的关键。一个完整的学习和开发团队应该了解所有的利益相关者以及他们的要求，以确保项目的成功。

项目经理

作为一个管理者，你应该非常清楚项目经理的角色，因此我们长话短说。项目经理的主要职责就是监督和协调项目活动，包括分配资源，确保项目愿景的实现，制定时间表并确保任务能在时限内完成，管理项目风险，当然，还要管理预算。

智能管理

项目经理帮你实现愿景

项目经理的主要好处之一就是他会负责将移动学习愿景落地，而且是以可以带来最大业务价值。我们经常认为项目管理就是管理资源、时限和预算，但在学习解决方案方面，项目经理就是那个确保教学目的和业务目标都能达成的人。确保你和你的项目经理在项目愿景上拥有一致的立场，这是项目是否成功的关键，也是利益相关者的成功标准。

主题专家

主题专家（SMEs）有时候会被称为“内容专家”。这取决于移动学习项目的复杂程度，你可能会发现你需要的主题专家不止一个。正如头衔所示，这些家伙非常了解你的团队将要开发的内容。在信息和内容收集阶段乃至贯穿整个项目进程你都会用到他们，将他们纳入审查团队以确保内容可以满足用户的期望。

教学设计师

传统意义上的教学设计师负责进行技能和差距分析，为课程设定学习目标和考核方法，组织教学内容，设计学习者交互活动，以及为学习程序编写内容。

这和开发移动学习有何区别呢？很多核心技能是一致的，但还是有一些不同之处。首先，教学设计师们需要对信息架构有很深的理解，因为这涉及到移动设备。然后，他们本身必须是移动设备的活跃使用者。如果他们不使用移动设备，那么他们就会很难确定如何以最符合移动办公人群的使用习惯来设计内容和组织信息。教学设计师同样还要对各种学习理论有深刻的理解，因为它们和移动学习有关。最后，你的教学设计师们还需要了解移动界面的设计和可用性。

TRICKS OF THE TRADE

应用技巧

需要新的思维方式

对于在线学习的教学设计师来说，如果想在设计移动学习解决方案方面取得成功，需要采取新的思维方式。如果他们依然从诸如在线学习和讲师引导式培训等授课方式的角度来考虑问题的话，就很难取得成功。有些人可以轻易地做出改变，但对于有些人来说，这是个挑战。

下面描述了移动教学设计的思维方式与传统教学设计的思路有何不同。

- 持续花在学习上的时间长短：传统课程是以小时来计算时间的；而移动学习则是以分钟来计算的。
- 内容的呈现：在传统课程中，内容是建立在之前学过的内容基础上的；而在移动学习中，我们则是在恰当的时间提供恰当的内容，学习者自己掌控需要了解什么内容。明白如何组织内容从而让学习者可以轻易找到，是这种新思维方式的关键所在。
- 简单而结构化：在传统课程中，许多额外的信息会被提供给学习者；而在移动学习中，我们为学习者提供解决问题所需的最少量信息。
- 首先考虑“移动授课”：在设计混合教学方式时，教学设计师需要首先考虑什么是移动格式所需要的，然后再考虑其他授课方式。

用户界面及用户体验设计师

对于移动学习解决方案，你需要有人负责生成用户界面并设计一个方便学习者导航的系统。说起用户界面，它不仅仅是指系统的界面外观，更是指学习者如何与移动学习解决方案的各个方面进行互动。这种互动包括各种导航元素，学习者如何搜索信息，内容的布局，以及其他任何可能的系统互动。最佳的在线学习用户界面上充满了鼓励主动学习体验的特点和功能，而移动学习却并非如此，简单才是关键。

对于移动学习界面设计，设计者们需要了解移动设备的限制（比如，屏幕大小、分辨率、带宽限制、偏小的键盘和同样偏小的可点击区域），以及学习者将如何使用移动设备（比如单手操作，每次使用时间较短）。设计者们必须创造一个易于使用的环境。要想取得成功，设计者必须了解并根据各个不同平台的特定准则（由苹果、谷歌、微软以及黑莓分别发布）来进行用户界面设计，还要熟悉移动用户界面的各种模式，这些模式是常见界面问题的文档化解决方案。

开发人员

开发人员负责编写程序代码并负责将移动学习解决方案落地。移动学习开发与一般的在线学习开发所需的技能组合并不相同。很多在线学习的开发人员使用一款叫做 Adobe Flash 的软件，而 Adobe 公司已经决定不再对 Flash 发布更新了。尽管该产品在在线学习的世界依然具有很强的实力，但在移动学习的台面上，与它相应的技能组合并不能带来任何价值。移动开发人员所需的技能和应用程序或网页开发人员所需的技能类似。移动开发人员需要哪些技能组合？你可以参考表格 8－1，其中按应用程序的类型详细列出了一些比较常用的技能。

表格 8-1　移动开发人员所需的常用软件技能

应用程序类型	所需技能
苹果 iOS 系统原生应用程序	使用 Objective C 的苹果 SDK(软件开发工具包) IDE(集成开发环境):Xcode
安卓系统原生应用程序	使用 Java 的安卓 SDK IDE：Eclipse
Windows Phone 8 原生应用程序	. Net for Windows Phone IDE：Visual Studio
黑莓 10 原生应用程序	使用 C++的 Cascades SDK IDE：QNX Momentics
网页应用程序	HTML5，Java Script 和 CSS3
跨平台应用程序	HTML5，Java Script 和 CSS3，加上跨平台开发工具，比如 Adobe Air，Phonegap，Titanium，或者 Unity
扩增实境(又称为增强现实)	Layer，Wikitude，或者 Junaio

测试人员和质量保证专员

在在线学习的世界，这种技能通常被称作“质量保证”(QA)。通常在在线学习领域，你会设置一个预先定义的环境以及有限的约束条件，比如确定的操作系统、浏览器、屏幕分辨率和大小，以及最小带宽。从测试的角度来说，只有很少数量的项目需要检查。

移动学习项目却并非如此，它们需要生成一个广泛的测试计划并加以跟踪。测试人员得确定测试用例，使其可以记录所有可能的用户行为以及相应的结果。测试人员必须在各种带宽约束条件下，也许还包括在离线状态下，在各种不同的移动设备和操作系统上进行测试。测试人员需要站在终端用户的角度考虑问题，并在员工将会亲历的环境和情境约束下测试程序。测试人员需要注重细节，在设计测试时需要有创意，并且要做到全面彻底。

测试人员的任务就是要找出解决方案中的故障，然后将问题以及重建方式记录下来，以便开发团队做出修正并对修正结果进行检验。

智能管理

从 IT 部借鉴有关测试的经验

移动学习项目里的测试人员与 IT 的应用程序测试人员职责类似。使用的流程、案例的生成，甚至用于跟踪和解决问题的系统，都是和 IT 部相关，而不是和学习与开发部相关。在这个领域，IT 部也许可以为你的团队提供帮助。和你们的 IT 部谈谈，看看他们可以提供哪些测试方面的资源为你的项目所用。如果他们无法为你提供资深的测试人员，那么就问问他们是否可以在流程和在线问题跟踪系统方面对某个人进行指导或培训，并在生成案例方面提供最佳实践和技巧。

什么时候应该寻找供应商

如果公司里没有培训和开发团队，那么很容易做决定。如果你们有一个培训团队，那么问题就会更复杂一些。为什么要和供应商合作？我认为有两个主要原因：专长和技术。尽管移动学习已经被提及多年，但如果要说到企业将其作为学习策略的一部分加以实施，那它还是个相对较新的概念。同时，这个领域正处于一个瞬息万变的状态。没隔几个月就有新技术问世，学习和开发团队很难一直跟上最新的变化。一起看看供应商们可以带来什么专业经验吧。

智能管理

与供应商合作的好处

尽管我将专长和技术作为与供应商合作的主要原因，你可以从这种合作中得到的收益却不仅仅只有这些。下面是一些额外的收益：

- 更高的产品质量
- 更高的效率（熟悉开发流程）
- 更高的灵活性
- 降低风险
- 降低开发解决方案的时间

专　长

供应商的专长会在三个方面为你带来回报，而在本章节，我们会讨论其中的两个：策略和团队技能。至于第三个方面——开发流程，我们将会在第十章提到。让我们从策略部分开始说起。

你已经在脑海里生成了对移动学习的愿景，那么谁可以和你一起证实你的方法呢？有没有更好、更高效的方式去实现目标呢？通常，你可能会和学习与开发部去讨论这些问题，然而，如果你的团队在移动学习方面还不是很精通，那么他们也许无法给你提供足够的帮助（尽管他们也该参与开发进程）。

当与供应商合作制定策略时，他们可以帮助你：

- 评估你公司是否对移动学习准备就绪；
- 决定目标平台和设备；
- 确定移动学习如何最好地满足你的业务目标；
- 验证你的移动学习愿景；
- 制定计划以明确要实施什么以及如何应对挑战；
- 制定评估计划；
- 制定维护计划。

之前我们曾经讨论过移动学习团队需要哪些技能。你是否拥有合适资源呢？如果没有，你可以依靠现有团队成员去加强他们的技能，但这个做法不仅成本高而且风险大。在解决方案的设计和开发上，你也许需要外部供应商的专长。

注意事项

在线学习的供应商与移动学习

很多公司要求他们现有的在线学习供应商来帮助完成移动学习项目。毕竟，这些供应商已经对公司和系统都已经很熟悉了。在你把责任托付给他们之前，我有一句忠告：在线学习和移动学习不尽相同，但有些供应商却可以为你所有的学习需求提供一站式服务。如果他们在移动学习方面拥有大量的经验，你就可以找他们了。

你的公司需要一位专家指导，他能带来一些有用的经验教训，他了解开发工具和开发方法，与最新的技术进步保持同步，并能帮助你做出明智的选择。切记，千万不要成为某个想进入移动学习领域的在线学习供应商的实验小白鼠。

技　术

尽管我曾强调过移动学习并不仅仅关乎技术，然而到某个时间点，你就得确定以某种技术来递送和管理你的内容。下面谈谈如何与那些提供移动学习平台的供应商合作。

移动学习平台为你提供一个创建、发布以及管理移动学习体验的全方位服务选项。而且，很多供应商还提供各种独立解决方案，或提供与现有的学习管理系统或其他内部系统集成的能力。如果你不想只把眼光局限于移动学习应用程序，那么一个移动学习平台也许就可以为你的员工提供并支持多种移动体验。尽管各个平台都有自己的特点，但总的来说，一个移动学习平台支持的学习体验可能包括：

- 提醒和通知
- 交互信息(语音和/或文字)
- 移动网页内容
- 视频
- 播客和 RSS(简易信息聚合)订阅内容
- Pdf,PPT，电子书等文件
- 第三方课件
- 调查报告
- 测试

下面是移动学习领域的一些行业领导者,包括：

- **Achieve Labs**：LearnCast
- **Certpoint Systems**：CERTPOINTVLS Mobile
- **Intuition**：Intuition Mobile
- **KeneXa**：Hot Lava
- **Moving Knowledge**：Moving Knowledge Engine
- **One Point Digital**：the CellCast Solution
- **Upside Learning Solutions**：Upside2Go

与供应商合作发展长期能力

尽管很多人最开始会选择在设计和开发移动学习解决方案与供应商合作,但这并不表明你就得一直使用他们的服务了。在选择供应商的时候,开诚布公地讨论双方如何结合以增加你的团队人员的知识和能力。利用这个机会帮助你的内部团队增长技能和知识,这样他们在将来就有能力自行更新内容以及创造移动学习体验。

智能管理

向潜在供应商提出的问题

如果你确定与供应商合作对公司来说是一个正确的选择，那么你要确保选择正确的供应商。为了帮助你做出决定，下面列出了13个关键问题用于向候选供应商提问：

1. 你们在移动学习市场运作多久了？实施了多少具体项目？

2. 你们能不能针对我们公司移动学习愿景的具体要求给我们展示一下你们的作品样本？

3. 你们给与我们公司类似的公司提供服务吗？

4. 我们公司可以与你们的推荐人/证明人直接联系吗？

5. 关于系统你们提供何种培训与支持？

6. 针对我们的移动学习愿景，你们的技术有什么与众不同之处？

7. 对于系统你们的实施计划是什么？

8. 你们将如何与我们合作来加强我们团队的能力？

9. 你们怎样应付“范围蔓延”问题？

10. 你将采取什么措施以确保我们的目标得到满足？

11. 在开发过程中你们将如何让我们的团队参与其中？

12. 一旦项目上线，你们将提供何种支持？

13. 为什么说你们是我们公司最好的伙伴？

注意事项

别忘了社交网络

尽管目前在市场上企业用户可选择的社交网络平台有很多，如 Yammer 和 Jive Software，但只有一种社交网络应用程序是特别专注于学习的。Float Mobile Learning 的 Tappestry 应用程序可以在 iOS 系统和安卓系统运行，并可以被设置用于跟踪学习者的非正式学习。这个应用程序可以让学习者跟踪他们的非正式学习，并通过一个社交网络将其与公司内的其他人分享。由于 Tappestry 在开发时使用了 Tin Can API（应用程序编程接口），所有的学习报表都可以保存在一个学习记录存储中。作为管理者，你可以运行报告以获得有价值的信息。你甚至可以建立私人分组，这样你的学习者们就可以与其他人分享他们的学习经验。想更多了解 Tappestry，可以登录他们的网站：www. tappestryapp. com

工 具

向供应商提出关于加强团队能力的问题

- 你们会对我们的员工提供定制培训吗？（这其中可包括教学设计、开发工具、测试流程以及开发方法方面的培训）
- 你们可以让我们的团队成员加入到你们的开发团队中吗？
- 你们是否会对现有团队的能力进行评估并为他们制订职业发展计划？
- 你们会在帮助我们在当前的趋势和技术方面做哪些投入？（比如在线研讨会、公司简报、博客、会议期间的展馆通行证等）

管理者的必读清单

☑ 找出在你的公司里哪些人已经在使用移动技术。和他们谈谈哪些是行之有效的，他们做的有哪些不同，他们如何对待自建还是购买的决定，他们遇到什么挑战，以及他们是否有内部资源供你利用(人，工具，技术)。

☑ 在确认谁掌握移动技术的创新中心时，要把目光投向 IT 部和人力资源部之外。

☑ 移动学习开发团队与在线学习开发团队拥有不同的技能组合。这些技能组合更多是属于 IT 应用程序和网页开发领域。

☑ 你的开发团队不仅要对必需技能非常熟悉，他们还必须是移动技术的活跃使用者。

☑ 供应商可以提供帮助你实现移动学习愿景的专业知识、最佳实践、开发流程、具有成功经验的团队，以及特别适用于移动学习的开发流程。

☑ 明智选择供应商。移动学习的设计和开发与在线学习并不相同。

☑ 向供应商寻求一个移动学习平台，以供你的团队来开发、发布和管理移动学习内容，或者利用供应商的资源来开发一个完全符合你的目标的平台。

☑ 如果你拥有一个内部团队却选择了使用供应商，就尽可能利用这个项目上的合作来增强内部团队的能力。

第9章 寻求利益相关者的支持

至此，你已经拟定了你的移动学习愿景并建立了相应的业务案例，收集了业务部门利益相关者的需求，也考虑清楚了你是选择内部开发移动学习解决方案，还是选择与供应商合作。那么现在是时候巩固利益相关者的支持了。

如果利益相关者对你的移动学习解决方案表示认可，你已经有了一个良好的开端，因为这建立在解决真实存在的业务问题的基础上。你应该也确定了衡量项目是否成功的标准。不过，这还不够。对于你的高管利益相关者，你要说明的不仅是移动学习的业务价值，还包括你如何将项目风险最小化以及如何控制成本。对于其他利益相关者，你必须要确保解决方案能满足他们的要求和需求。让我们先来讨论帮助你赢得高管支持的诀窍吧。

说服高管团队

高管团队的要求与其他利益相关者的需求会有所不同。从高管的角度看，你需要说服他们，你的解决方案会产生积极的影响，并且会为公司带来长期价值，还要向他们保证项目运行的方式能在风险和成本最小化的同时实现收益最大化。在本章，我们讨论你的项目带来的收益可以转换为多少相应的业务价值，帮你衡量项目影响的计划，以及将风险和开发成本最小化的方法。

注意事项

对所有利益相关者负责

记住，移动学习项目的利益相关者不只局限于那些对决定推行还是取消项目拥有最终决定权的高管们。你还有各个业务单位的利益相关者，包括来自人力资源部、IT部、市场部、审计部，甚至法务部的代表们。你要收集他们各自特有的项目需求和成功标准。使用移动学习的员工和/或客户同样也是利益相关者。准备好一个计划以确保你的移动学习解决方案可以满足每个部门的需求和期望，从而赢取利益相关者的认可。

公司将得到的好处

你也许会奇怪为什么我会在这谈论起移动学习的好处，毕竟我们在第二章已经讨论过了。在这先复习一下，我们已经探究了移动学习是如何做到：

- 把没有加以利用的时间转换成为有成效的学习时间
- 当学习者需要解决问题或做决定时，让他们可以即时访问到关键信息
- 通过提供简短的、有针对性的、有相关背景的教学内容来提高学习内容在工作中的利用率
- 对学习内容提供实时管理(以需定供)的访问
- 鼓励员工随时随地参加培训
- 鼓励学习者对内容进行反思
- 让学习者自行掌控学习体验
- 支持正式和非正式的学习机会
- 以“千禧一代”①期望的方式提供学习内容

① 译者注：“千禧一代”指的是1984—1995年出生的一代人，大概相当于我们的80后90后。

■ 加强员工之间的协作，比如使用用户生成内容来分享最佳实践经验。

归根究底，以上所有这些途径都可以提高生产率，改善工作表现以及支持员工队伍。然而尽管这些都是移动学习的关键好处，也确实能为员工和公司（间接地）带来价值，但这些好处并没有着重于真正的业务影响。这不是你的高管利益相关者想从你这里听到的答案。因此，你必须专注于从业务角度如何利用你的移动学习解决方案为公司带来好处。归根结底，高管们主要从两个角度考虑投资一个项目的收益：如何增加创收机会和如何降低成本。

智能管理

员工们不想参加移动学习

如果你的高管利益相关者质疑员工是否会认同移动学习的概念并积极地参与到移动学习的体验中去，你有足够的弹药来应对这个问题。谈谈我在本节开始列出的哪些好处，比如实时管理访问，加强协作以及分享最佳实践经验，对帮助学习者解决问题及做出明智决定的关键信息提供即时访问等。所有这些途径的确都可以让员工们从移动学习受益。

第二个你需要向利益相关者阐明的观点是：移动学习并不是将整个在线学习课程搬到手机上。一旦你的员工了解了移动学习将如何被使用，他们就会乐于接受这个概念。

对话开始时，首先解释你正在解决的业务问题，这样高管们对你当前所处的状况就有个完整的了解。接下来提到公司不仅可以通过移动学习解决这个问题，还可以带来长期的业务价值。将关于业务价值的讨论集中在增加收入和减少成本上。针对你正在解决的具体业务问题，你的解决方案带来的一些好处可以：

- 增加你们的服务或产品的销量；
- 增加产品的生产速度；
- 增加产品的生产质量；
- 减少安全事故的数量；
- 减少客户投诉的数量并增加客户满意度；
- 减少技术人员花在排查和解决常见问题上的时间；
- 减少花在正式的面对面培训项目上的金额(创建和生产培训材料的成本，设备成本，讲师成本，旅费)；
- 减少花在在线学习项目上的金额(每小时内容的开发成本通常是 10 000 美元到 35 000 美元)；
- 减少员工在离岗培训上花的时间和差旅费。

TRICKS OF THE TRADE
应用技巧

量化收益

当与高管利益相关者交谈时，确保他们明白你正在试图解决的问题，以及如果他们不去解决这个问题的话会带来什么样的业务影响。将用移动学习解决问题所带来的收益量化为具体的金额。让我们看以下几个范例：

不要泛泛地说通过减少解决常见问题的时间来降低一线技术人员的成本，而是将其量化为通过赋予他们更快排查和解决常见问题的能力而省下的具体金额。

不要泛泛地说可以降低一线安全事故的数量，而是将其量化为通过降低安全事故的数量能省下的具体金额。使用假设模型，比如你可以这么说，“如果我们能把安全事故降低 15%，那么明年就可以省下××××美元。”

不要泛泛地说增加销量，而是将其量化，比如说如果销售团队每季度增加××销量，那么就可以多赚××××美元。

赢得高管利益相关者支持的关键在于向其传递一个清晰的画面：就是推行移动学习具有财务意义。

你将如何对项目进行评估?

一旦你的高管利益相关者了解了你将利用移动学习解决方案来解决的业务问题,并且他们也意识到这究竟是如何导致成本减少或收入增加,接下来就该谈到下面的问题了:你将如何衡量解决方案的有效性? 多久衡量一次? 幸好你早在草拟移动学习愿景阶段就考虑过这些问题了。

还记得我们在第五章讨论过的可以用来确定和衡量你的培训计划是否成功的四种方式吗? 这里我们再复习一下:

1. 员工对项目在满足他们的需求和期望方面的满意度;

2. 通过参加移动学习项目,员工的知识、技能和态度的改变或提高;

3. 员工在岗行为的改变;

4. 给公司带来的业务影响。

智能管理

业务影响需要时间

利益相关者关注的是,你的移动学习解决方案对业务的健康带来的积极影响。然而,任何培训项目的收益都需要时间,而且你要确保这种影响是来自移动学习解决方案,而不是别的什么能造成影响的事情。然后和利益相关者讨论你将如何确定你的项目进展。要做到这一点,你可以向他们展示员工的行为正在如何改变,而这最终将导致预期的业务成绩。告诉利益相关者你计划何时进行衡量,多久衡量一次,以及何时将衡量结果传达给他们,如何传达,多久传达一次。

你是否成功部分取决于员工是否对项目满意或者他们的新的知识水平、技能水平和工作态度是否因培训而改变。同样你还要将以上这些表述为确定是否满足终端用户利益相关者的需求和期望的方法。也许你得花不少时间来阐述你到底将如何衡量项目对公司造成的影响。

既然成绩的改变通常需要员工改变他们某方面的行为，我建议你首先对行为改变进行衡量。解释你的计划的细节，包括：

- 你将如何观察行为改变，多久观察一次；
- 你是否会对员工以及他们的同僚和上司的观点进行 360 度全方位的观察；
- 要求直线管理者进行在岗观察；
- 直线管理者需要用于评估的工具类型（表格、核对清单、工作指南等）；
- 通过一些技术来记录员工的在岗表现；
- 确保对行为改变的评估，包括长期的与短期的；
- 多久进行一次评估；
- 你将对员工提供何种反馈使其了解其行为改变的程度。

接下来，着重解释你将如何衡量移动学习解决方案所带来的成绩或业务影响。这包括：

- 衡量指标；
- 用于分析数据的系统；
- 是否需要和 IT 部门合作来合并多源数据；
- 是否会创建一个仪表板来跟踪进度；
- 如何用基准来表述当前状态；
- 多久进行一次衡量以及在流程中的具体时点；
- 你计划如何将衡量结果传达给利益相关者；
- 你可能需要何种程度的利益相关者支持（如果有的话）以收集所有必要的资源；
- 你将如何传达你的短期和长期衡量计划。

一个使风险和成本最小化的方法

另一个赢得高管利益相关者的认同的关键，是向他们展示你的方法是如何做到在风险最小化的同时使投资收益率最大化。我推荐的方法是：大胆设想，小步执行。

警告：不要一下子就把一个完整的程序全面推出，特别是当你的公司在移动学习方面还是新手的时候。你的利益相关者会对这个新方法如何在实际工作中起到作用持怀疑态度，而在技术方面以及员工是否会对这个程序表示欢迎也存在很多的不确定因素。分阶段推行不仅可以简化流程，而且可以得到立竿见影的效果。最好是先部署一个小型的解决方案，然后借此机会从增量效果上积累经验。看看哪些是行之有效的，什么地方是需要改进的，然后做出相应的调整。

关于风险管理还有一点，就是你的计划如何确保利益相关者的所有要求都得到满足，包括学习者需求。你可以通过以下几个方法来做到这一点：提供各种机会来收集学习者的需求，对解决方案进行标准测试来调整计划，以及在对正式的全面开发投入之前先运行一个试点程序。我们将在以后的章节里讲到这几点。

TRICKS OF THE TRADE

应用技巧

找到低垂易摘的果子

看看自己正在解决的业务问题并找出那些你可以通过移动学习迅速搞定的低垂易摘的“果子”（指花最少的精力就能轻易实现的目标）。将低垂易摘的果子视为几个方案，你可以将其作为移动学习解决方案来实施，它们会对公司产生即刻的积极影响。首先对你的员工推出这样的计划，让他们使用这部分的解决方案，并评估什么是行之有效的以及哪里还需要调整以获得更好的效果。通过对项目的范围进行限制，不仅可以使风险最小化，还能让公司很快就看到投资的回报。这将给予高管利益相关者信心来推行更多的移动学习项目。

应用技巧

一个克服阻力的方法

如果你碰到一些利益相关者不认可你的移动学习项目，你可以建议他们先对一个概念体验型的项目进行投入。概念体验型的项目可以让你在公司对整个项目进行投资之前先用一个小型、有针对性的项目来试试水。这将帮你解除利益相关者的顾虑或异议。找出阻力点在哪，设计一个可以展示解决方案将如何起作用的小型项目，项目重点放在解除阻碍利益相关者的顾虑上。记住，一个概念体验型的项目应该是去证明某个想法或概念，它并不包含一个完整的评估和测试流程。概念体验型的项目可以让你对利益相关者展示项目的某个单独的一面。

征求利益相关者的反馈

你应该让利益相关者了解项目的运行状况。在构建解决方案的过程中，为他们提供体验的机会，并让他们给出反馈意见。

在整个项目过程中尽早地、经常地收集反馈意见，这项目取得成功的重要因素，还可以帮助取得利益相关者的信任和认同。如果不想办法获取利益相关者的反馈意见，就很难设计一个满足他们所有要求的解决方案。利益相关者并不一定清楚地知道他们想要什么，也并不是总能清楚的用语言描述出自己的需求，特别是当面对诸如"移动学习"这样的新概念时。有没有人曾经跟你说过这样的话："哦，我知道我说过，不过那不是我真正想说的意思。"这种事儿经常发生。我们总是认为我们在进行清晰的沟通，而事实上，我们的话语往往存在不同的解读。

伴随着移动学习还产生了另一个问题，那就是在一个不可控环境中创建一项体验。利益相关者对于这个体验的效果可能有自己的见解，直到他们亲眼看到这个解决方案的实际应用，在现实背景中使用它并确认它的效果，但我们都有偏离目标的风险。这里为你推荐一个赢取利益相关者认同的技巧——“秀而不说”。

智能管理

利益相关者反馈

当利益相关者审查交付成果时，你需要从他们那获取客观的反馈意见并让你的团队做出应对。你有可能会听到很多主观的评价，通常都是以“我不喜欢……”开头。虽说了解这些信息也是好事，你还是需要将这些主观评价转化为可付诸行动的项目。

你可以通过询问一些后续问题来做到这一点。问问他们为什么不喜欢某个特定元素或特征并说服他们说出自己的解决方法。如果你的团队对每一个主观评价做出应对的话，你会发现陷入一个不停做出改变的无休止的循环中，直到每个人都对他们喜欢的东西达成一致意见。

最小化风险和成本的交付成果

你需要知道的几个可以减少成本和最小化失败风险的关键交付成果。

线框图

设计一个可用于各种不同设备并易于使用的用户界面，是开发移动学习的风险之一。要想让界面设计和可用性相关的风险最小化，请使用线框图。将线框图视为移动学习界面设计和功能的框架。线框图可以帮你向利益相关者展示前期草案以获取他们在以下方面的反馈及指导：

- 用户界面的各个元素，它们在屏幕上的位置，以及它们各自的作用；

- 应用程序和内容的组织结构；
- 功能元件以及它们将如何工作；
- 学习者将如何使用应用程序并与其互动。

关键术语

线框图(Wireframe)

一种可视化工具，用于展现移动学习体验的结构、功能和信息架构。它并不包含最终的图形图像，而是展现项目的“骨架”以及它将如何工作，也被称为“纸上标准”、“蓝图”或“页面示意图”。

标准(Prototye)

学习解决方案的物理模型，可以让你亲自看到和/或体验学习项目是如何设计和运作的。这个模型是什么形式，完全取决于标准的目标。它可以是图形用户界面的书面介绍；也可以是一个以技术为基础的实例链接，用来说明特定技术和界面如何工作；还可以是一个用来体验的一款功能完备的软件。

智能管理

线框图并不好看

当你向利益相关者逐步讲解项目的线框图时，可能会遇一个挑战：就是它们并不那么吸引眼球。线框图基本上就是每一屏的黑白框图，用来显示所有的元素并说明它们是如何运作的。在审查会一开始就要解释清楚，线框图是故意不含任何图形元素(比如色彩和图像)，以便他们能更易于着眼全局。要向利益相关者保证当线框图真实出现在标准时，他们一定有机会看到图形元素。

一旦你和你的团队定义了功能要求，并开发了一些实用案例，设计人员就会使用线框图来生成第一个主要的设计成果。线框图可能是设计人员在纸上画的草图，也能是用 PowerPoint 或 Keynote 创建的，也可能是用专门的线框图软件生成的。线框图不具备功能性，它只是帮助你逐屏了解整个程序是如何运行的。

这个交付成果对你及你的利益相关者来说都是一个关键的审查点。你的利益相关者不用把钱花在编程上就可以用结构化的、有组织的形式来查看这个项目。

MISTAKE PROOFING

防　错

寻求关键反馈

在交付之前，你和利益相关者一起把线框图的交付成果从头到尾过一遍，也叫"走查"。走查可以让解决方案的目标更加清晰，还可以从审查团队口中得到关键的反馈意见。将审查会安排为一次互动体验。提出问题，寻求反馈，并鼓励利益相关者针对线框图的所有元素展开讨论。提出探究性问题以获取关键的、有意义的反馈意见。可以提出的问题包括：

- 用户界面是否有遗漏之处？
- 是否还有其他功能或用户功能未在线框图中显示？
- 利益相关者对线框图的任何元素是否有顾虑？
- 这次对程序的初窥是否满足他们所有的要求？
- 他们是否发现存在的可用性问题？
- 对于构建什么及其如何运作，是否所有的利益相关者意见都一致？

你在这次审查会上的目标就是，在开发你的解决方案之前确保产品能满足所有的业务规格、用户体验和功能要求。在反馈的这个时间点做出调整相对比较容易，你应该期望利益相关者能提出一些你以前没有考虑到的重要的点。

创建标准

移动学习对于公司来说是新鲜事物，因此团队会遇见一些未曾预料的挑战，他们必须要对这些挑战进行说明以创建有效的移动学习解决方案。模拟并经历员工的用户体验，找出哪里是需要做出改变的地方。通过创建一个标准，你就有机会测试你团队的设计理念，尝试新的功能，以及在对解决方案的全面开发进行投入之前对技术要素进行测试。使用标准可以使项目免于不必要的猜测。

创建标准是有益处的，这是因为它：

- 增加了利益相关者和项目团队在设计阶段的交流；
- 使你可以快速适应项目要求的改变；
- 使你可以快速获取关键反馈；
- 鼓励协作和测试新的思路或方法的自由；
- 通过在开发解决方案之前，对其进行测试和更新来降低项目成本；
- 通过找出什么可行、什么不可行来最小化项目风险。

智能管理

需要被标准化的内容

当问及什么需要被标准化时，并没有一个标准的答案。你的公司在工作中拥有怎样的移动学习经验将会影响哪些方面需要被标准化。比如，如果你已经部署了一个拥有类似功能的解决方案，那么你可能就不用再对这个解决方案进行标准化了。一般来说，需要被标准化的内容包括以下三类：界面外观、内容和功能。你可能会发现你需要对多个标准进行投入。比如，如果你的团队对于如何传递内容有两个不同的想法，你可能就想创建两个标准以确认哪一个方法对终端用户更有效。

在你的团队创建标准之前，你要确定该标准拥有一个明确的目标。你到底要对什么进行评估？接下来，你要确定方案中哪些内容需要被做成模型，以便你的团队对其进行评估。记住，标准只是解决方案的一部分。

第二个要考虑的是体验和评估标准所需的真实度，以及设计团队将要使用何种工具来创建标准。在某些情况下，解决方案的纸质版就已足够，而在有些情况下，你则需要一个功能模型。使用功能模型并不意味着团队需要为解决方案编码，他们可以使用诸如 Word Press 之类可以快速输出 HTML 文件的软件，而无需编写一行代码，他们也可以使用 PowerPoint 或者 Keynote。你还要考虑清楚运行标准的迭代次数。可以先画个草图，为其征求些反馈意见，然后在一个与用户体验更类似的标准里进行更新。

智能管理

举行一次利益相关者的团队审查会

设计团队经常会将标准发给利益相关者审查。利益相关者被要求对标准进行审查，并针对设计向开发团队发表评价。利益相关者的日常安排很繁忙，获取他们的反馈意见并不容易。不管怎样，一定要利益相关者提供反馈意见，否则会后患无穷。

在此过程中可能会出现两个问题，包括来自多个利益相关者的相互矛盾的指导，以及主观反馈。还有一种复杂情况牵涉到做出的改变可能与某个利益相关者的要求有冲突，而该利益相关者没有意识到这些改变，更没有对其表示同意。为了避免这些灾难性的状况，我建议你把标准发送至每一个利益相关者，给他们足够的时间审查并记录下他们的想法。然后召集一个利益相关者会议，详细讨论该标准以及他们的反馈意见。针对他们的评价提出后续问题，对行动项目做出明确的决定，以及达成群体共识。

管理者的必读清单

- ☑ 能否成功获取高管利益相关者的认同取决于你是否有能力阐明一个引人注目的业务问题，并展示移动学习解决方案将如何增加公司收入或减少成本。

- ☑ 高管利益相关者希望了解你设计和开发移动学习解决方案的方法，以及该方法将如何最小化风险并降低开发成本。

- ☑ 将预期给组织带来的业务价值量化。使用既是假设又切合实际的模型来描绘一幅引人注目的愿景。

- ☑ 对于移动学习要心存远大梦想，但在实际执行中却要小步谨慎前行，从而最小化风险以及降低开发移动学习的成本，同时可以为公司带来立竿见影的成果和业务价值。

- ☑ 标准可以减少风险和成本，因为它们使你和利益相关者无需对编程进行投入，就可以体验到移动学习解决方案，同时也降低了修改成本。

第10章　与学习和发展团队的合作

你已经了解了开发团队的各个角色和职责，我们就可以开始着眼于内容创建以及建立那些需要你参与的关键性里程碑了。关于内容创建，有两种不同的思维方式：一种是叫作“ADDIE”的传统的瀑布式方法，这是被学习和发展团队普遍使用的一种方法。第二种是敏捷软件开发，这通常是软件开发团队使用的方法。本章还给你列出了一些关于如何给你的团队提供反馈信息的诀窍。

ADDIE 模型的使用

当你与学习和发展团队讨论如何设计和开发内容时，很可能会谈及 ADDIE 模型。很多年来，这个模型一直受到专业培训人员的青睐，也是很多讲师引导式培训（“ILT”）和在线培训课程的设计和开发方式。ADDIE 是一种课程建设的系统性方法，包含五个阶段：分析、设计、开发、实施和评价。在整个过程的各个阶段，团队都要执行一次格式化的评估，并根据需要做出调整。在每个阶段的最后，需要经过一个审批过程才能进入下一个阶段（流程详见图10－1）。有些人认为 ADDIE 并非瀑布式方法，因为团队在整个过程中以及在其中各个阶段都会进行评估，可能会发生多次迭代。事实上，你会看到很多图表，它们把这些阶段显示为一个循环，同时由评估线将各个阶段连接在一起。然而，这并不意味着这个流程可以改变，但最终所有的内容都会在某一个时刻被部署。

图 10-1 ADDIE 流程

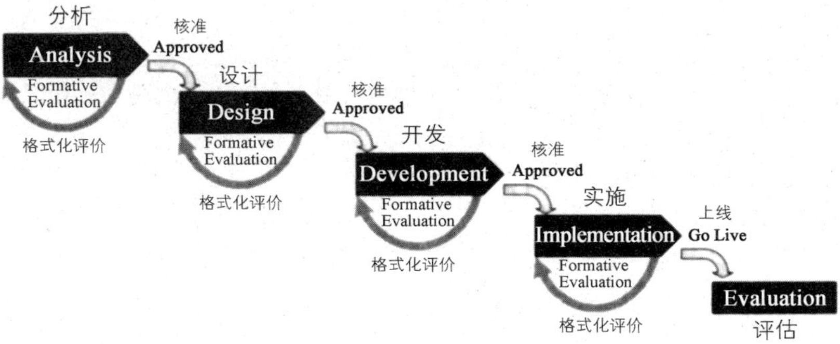

关键术语

瀑布式方法(Waterfall Methodology)

一个开发培训解决方案的线性方法,在这种方法中,必须要在一个阶段彻底完成并被批准之后,开发团队才可以开始项目的下一个阶段。

ADDIE:是首字母缩写,一种被很多专业培训人员用来设计和开发培训项目(比如在线培训和课堂培训)的流程。该流程包括五个阶段:分析、设计、开发、实施和评估。

敏捷:使用迭代和增量方法来开发软件的一组软件开发方法。该流程涉及高协同环境下的跨职能团队。

格式化评估:一种评估方法,用来审查和验证目标是否在项目的每个阶段都已达成。将几个目标学习者包含在你的团队里,以便你的格式化评估能获取最佳输入。

ADDIE 模型的五个阶段

让我们看看 ADDIE 模型的五个阶段以更好地了解该流程。我们将讨论每个阶段的目的、通常会执行的关键任务,以及团队成员。

注意事项

改良版 ADDIE 模型

如果你的公司已经建立了学习和发展团队，很可能他们已经修改了在 ADDIE 模型的各个阶段内进行的任务，以便开发属于更适合他们公司的版本。当与使用 ADDIE 模型的开发团队合作时，要搞清楚他们是否修改了流程，是如何修改的。确保你对该团队在每个步骤执行的关键任务以及他们提供的文档都有很好的理解。

阶段 1:分析

分析是最关键的阶段。这个阶段的目的就是，通过在对解决方案的设计和开发进行投入之前对课程的方方面面进行彻底分析来最小化风险。这个阶段主要由教学设计师来进行，他要：

- 找出问题并确定是否可以通过提供培训来解决该问题
- 为培训分析并制定业务目标
- 确定项目必须实现的目标
- 进行详细的任务分析
- 分析受众当前状态与理想状态之间的差距，包括知识、技能和态度等方面
- 审查现有的材料
- 确定如何衡量培训项目的有效性
- 分析技术环境并确定可用的授课方式选项

在这个节点的输出叫作需求分析文档，该文档必须由项目经理、主题专家和利益相关者审查和核准。此文档通常会在被批准之前经过多次迭代。

一旦需求分析文档被核准，ADDIE 的下一个阶段是为问题的

培训解决方案编制文档。这份文档含有一份对推荐的培训解决方案的详细描述，其中包括授课方式（一种或多种）、总在座时间、项目时间表、项目风险、以及项目成本。这份文档同样需要经过一个审查和核准的阶段。

关键术语

规定时间（Seat Time）

预计一般学习者用来与课程互动并完成课程所花的时间。比如，当我们参加一个8小时的讲师引导式课程，平均在座时间为6.5小时，这样就有一个1小时的午餐休息和两个15分钟的课间休息。

阶段2：设计

在设计阶段，团队要将培训项目的设计要素文档化，包括所有需要被涵盖的具体内容、性能和学习目标、界面外观，以及如何纳入媒体元素。教学设计师和平面设计师是这个阶段的主力资源。不过，也可能会请来一个开发人员担任技术专家。教学设计师和平面设计师要：

- 为项目确定具体的学习目标；
- 确定你的评估策略并写出评估问题；
- 组织所有的支持内容并提炼大纲；
- 记录你将如何在培训项目中使用视觉资料和教学策略；
- 记录技术要素如何起到作用；
- 设计用户界面并解释所有界面元素的作用。

这一阶段的最终可交付成果是一份详细的设计文档，同样也需要经过利益相关者和审查团队的审查、更新及最终核准。一旦设计文档被核准，下一步就是在进入开发阶段之前设计出一个标准来现实化解决方案。这个标准必须经项目经理和利益相关者审查并核准，你也许会想请主要的主题专家也参加这个过程。

智能管理

不要跳过标准步骤

很多年前，当在线学习还是新鲜事物时，在标准上进行投入是很普遍的做法。然而，时至今日，很多在线学习团队已经绕过了这一步。既然移动学习是一个相对较新的实践领域，又具有为多种设备和操作系统进行设计的复杂性，那么在进入开发阶段之前为你所提出的解决方案创建至少一个标准是非常必要的。标准可以及早地处理未知状况，并为你的团队提供洞察力以深入了解你提出的解决方案中什么可行什么不可行，从而降低了成本。

阶段 3:开发

在开发阶段，团队专注于将学习解决方案的所有元素现实化并对其进行测试。这包括编写课程内容、创建媒体、编排内容并将解决方案与其他系统(如学习管理系统“LMS”)进行整合。在项目的这个节点，团队的所有成员都将通过以下方式积极参与进来：

- 为所有课程创建故事板；
- 创建图像和/拍摄照片；
- 录制音频文件；
- 执行所有的课程编排和动画效果；
- 符合 SCORM 标准的网络课程；
- 审查所有课程并测试程序。

在这个步骤的最后，所有的课程都被审查并按需进行调整，然后再进行最终的核准。

关键术语

故事板(Story board)

教学设计师创建的一段可视化脚本，用于逐页显示屏幕文本、旁白及人物音频、图像和/或图解的说明，以及对交互内容和动画的解释。

阶段4：实施

在实施阶段，你将进行最后的准备步骤并使你的培训解决方案上线，包括：

- 最终内容发布；
- 确保学习管理系统(LMS)已建立并可供用户使用；
- 使员工了解程序及学生注册过程；
- 上线供用户使用。

应用技巧

在编程开始之前先核准故事板

正如之前所说，ADDIE流程经常是改良过的。一些公司会在设计阶段使用故事板，如果到了开发阶段，我建议你增加一个核准步骤：在继续开发之前先让人审查并核准你的故事板。这个额外的核准步骤可以帮你避免重新对内容进行重编，从而节省时间和资金。由于你创建的解决方案的类型不同，你也许会跳过故事板而将线框图作为一个更好的选择，很多移动学习应用程序都是这么做的。

阶段 5:评估

贯穿流程的每个阶段，团队都会进行形成性评价，然而，在当前阶段，你将注重于进行一次总结性评价。还记得在第五章我们讨论过如何评价你的解决方案的有效性吗？那么，现在这个阶段，你可以正式衡量并确定你是否成功解决了业务问题。同时这个阶段也可以让你发现项目中哪里还需要更进一步调整。你将会评估的方面包括：

- 学习者对培训项目的满意度；
- 学习者的任何知识增加；
- 员工在工作中的行为改变；
- 总体的业务影响。

关键术语

总结性评价(Summative evaluation)

一旦培训方案被学习者使用，就要对它的有效性作出评价。

智能管理

关于评价，你可能需要额外的帮助

很多培训机构缺乏足够的资金或无法直接获取所需资源，以在所有四个级别上对他们的移动学习方案的有效性进行评估。实际上，当我和培训团队谈论评价步骤时，他们经常告诉我，一旦一个项目上线，他们通常都不会介入，直到项目需要更新或修改。尽管如此，大多数公司还是会进行一级调查（“笑脸表格(Smile sheet)”）来衡量用户的反应。很多机构还会进行只基于测试成绩的部分的二级评估，而这其实只是衡量了记忆力，并不一定能衡量知识或技能的增加及态度的改变。以上两种通常都是学习管理系统的特点，因此衡量很容易实施。

> 不幸的是，很多培训机构并不会真的去衡量是否有整体上的行为改变或者解决方案是否对解决当前的业务问题产生了影响。并非所有的解决方案都需要你对所有四个方面进行评估。然而，如果你需要评估行为改变和业务影响，也许你得把眼光投向培训部之外。你可能需要和IT部门合作来收集相关数据或者建立一个仪表板，也可以找一个供应商帮助你完成进程。

使用ADDIE模型的几个陷阱

我个人使用ADDIE模型快20年了，它是一个非常好的流程。然而，千万别盲目进入这个流程，它可是有几个巨大的陷阱哦。

既然必须要在流程初期就对要求进行定义并将其锁定，很多公司在分析阶段花的时间比原先估计的要多，乃至患上了“分析瘫痪症”。

一旦一个阶段被核准，想要再回头做出调整就很难了。这也是为什么这种流程被称为“瀑布式”的原因。你什么时候见过瀑布倒流的？当然不可能了，一旦水开始往下流，就绝无倒流的可能。

这个流程限制了创造力。一旦故事板被核准，开发团队往往会完全按照它们被核准时的状态来将其实现。不幸的是，很多机构让他们的教学设计师和开发人员分开工作，彼此各干各的，他们在故事板的创建上并无协作。

当最后的课程全部被创建出来后，测试过程就开始了，而这会导致大量的返工。比如，当你发现你设计的交互活动对学习者毫无意义，而你却已经对其进行了开发。如果有编码问题的话，你就得重做所有的课程了。

在全部课程被开发完毕之前，你都不会将其部署给学习者。而这个过程会相当漫长。我曾亲自管理过非常大的项目，从分析阶段到实施阶段花了长达18个月的时间。不仅员工需要在培训之前等待很长时间，而且在这期间公司内会有相当多的变化。

需要你参与的关键性项目里程碑

当使用 ADDIE 模型时，你需要积极参与所有正式的审查过程。你要对每一个步骤进行单独的审查，然后在把它们交给利益相关者审查之前，先把你的反馈意见提供给开发团队。

关键性项目里程碑包括：

- 需求分析和解决方案描述文档
- 设计文档
- 标准审查
- 开发审查
- 测试
- 解决方案评价

智能管理

测试移动解决方案

这个阶段可能会碰上一些阻力，不过我相信管理者们对于测试解决方案有着独特的视角。我并不期望你能找到所有的缺陷和问题，不过你很可能会找出一些被团队忽略掉的问题。曾经有很多次我的团队问我："你是怎么发现那个问题的?"而我的回答是："我不知道，我只是在测试的时候像我日常生活中那样去使用那个设备。"

做诸如此类的事情，改变设备的方向，打开第二个网页或另一个应用程序，正如我在旅行时会做的那样打开飞行模式，或者放下设备去测试做其他事情后再来解锁设备。这些都是每次我在测试时做的事情，然而，非常不可思议的是，似乎我总是在一些别人没有考虑到的情景中进行移动学习。

敏捷开发

尽管很多的培训和开发专业人员使用 ADDIE 模型来开发移动学习解决方案，你可能还要看看软件开发人员和 IT 团队使用的一种叫作敏捷软件开发的方法。尽管有几种不同的敏捷方法可供选择，比如 Scrum、极限编程(Extreme Programming)自适应软件开发(Adaptive Software Development)等，它们都是以《敏捷宣言》里解释的核心价值为导向的。

《敏捷宣言》是由一群使用过很多种软件开发方法的人撰写的。这些开发人员拥有一个共同的目标，就是要建立一些核心价值观和原则来帮助软件开发行业以更短的时间来创建高质量的解决方案。这群从业者创建了一个非营利性组织，叫做敏捷联盟(“Agile Alliance”)。下文中引用的《敏捷宣言》，源自敏捷联盟的网站。

敏捷宣言

我们正通过进行软件开发和帮助他人进行软件开发来发现更好的软件开发方法。通过这项工作，我们认为：

- 个体和交互重于流程和工具；
- 可用的软件重于详尽的文档；
- 客户协作重于合同谈判；
- 应对变化重于遵循计划。

也就是说，尽管每一项的后者也有价值，但我们更看重每一项中的前者的价值(也就是“重于”前面的那些词组)。

工　具

敏捷开发的 12 项原则

下面是摘自敏捷联盟网站的敏捷开发 12 项原则。这 12 项原则进一步阐述了《敏捷宣言》的四大核心价值观。

1. 首要任务是通过尽早并持续交付有价值的软件来让客户满意。

2. 欢迎变化的需求，即使是在开发后期，敏捷流程可掌控变化并为客户带来竞争优势。

3. 尽快交付可用的软件，间隔从几个星期到几个月不等，越短越好。

4. 在整个项目过程中，业务人员和开发人员必须每天在一起工作。

5. 让斗志高昂的人来构建项目。给予他们所需的环境和支持，相信他们一定能完成任务。

6. 向开发团队传递信息，保持团队内部的信息交流，面对面的交谈是最有成效也是效率最高的方式。

7. 衡量进度的主要标准是可用的软件。

8. 敏捷流程推行可持续开发。发起人、开发人员和用户应该可以一直保持一个恒定的步伐。

9. 对技术优势和良好设计的持续关注可以提高“敏捷”度。

10. 简单——这种可以最大限度减少不必要工作量的艺术，是必需的。

11. 最好的架构、需要和设计都产生于自组织团队。

12. 每隔一段时间，团队都要反思如何变得更有成效，然后对其行为做出相应的调整。

以下列出了对于移动学习而言，敏捷方法相对于诸如 ADDIE 模型之类的瀑布式方法所具备的优势。

- 学习和绩效支持解决方案可以被更快速的部署，从而使学习者和公司都受益。
- 公司可以迅速开始获得投资回报。

- 敏捷方法使开发团队有机会了解什么可行、什么不可行，并对下一次发布做出相应的更新。
- 开发人员在进一步深入到开发过程中之前并不总是了解所有的项目需求，而有时候需求会发生改变。
- 敏捷方法培养了相互协作的开发环境，开发人员真正取得了项目所有权，时刻评估如何改善产品和流程。
- 开发团队和项目利益相关者之间频繁的沟通确保预期得以实现。
- 敏捷方法使开发人员拥有无比的灵活性以应付未知状况。

你已对敏捷软件开发方法的相关价值和原则以及有了一定的了解，以及它具体在移动学习方面的好处，现在就让我们了解一下 Scrum 吧(见图 10 - 2)。

Scrum

让我为你逐步讲解 Scrum 流程。如图 10 - 2 中所示，项目始于一个愿景。这是不是听上去耳熟？我们在第五章讨论过创造移动学习愿景的重要性。一旦项目有了愿景，团队就开始为项目制定计划。这是一个协作的方式，产品所有者、Scrum 专家和团队在一起进行头脑风暴，然后确定所有的项目需求和特点。结果是一串概括性的用户故事，用几句话描述用户是谁，他们将要做什么，以及为什么他们要执行那个功能(或者是为了什么最终结果)。于是团队创建了用户故事初始列表。① 产品所有者对其划分优先顺序，将最重要的用户故事排在列表最前面，这叫作“产品待办事项列表”。

① 用户故事是将所有的移动学习项目功能分解为软件独有的特点和功能，然后对其进行概括性的解释。故事包含了特点的名称以及简单的描述。

关键术语

Scrum

使用最广泛的敏捷开发方法之一。Scrum 使用自己的术语描述开发过程,在其中通过一系列被称为“冲刺”(“Sprint”)的小型迭代对软件进行开发和部署。

产品所有者:对项目拥有整体愿景的人,对确保团队为公司带来价值负有最终责任。尽管从这个定义来看,你也许会认为你就是产品所有者,不过这可是一份专职的战术制定方面的工作。因此,你要把你自己想象成负责战略设计的产品所有者或者是团队的客户。

Scrum 专家:充当产品所有者和团队的促进者或教练的人。比如,Scrum 专家和产品所有者一起致力于如何最好地应用 Scrum 来使产品所有者的投资回报最大化。Scrum 专家还和团队一起应用 Scrum 原则,以及共同解决可能导致团队无法实现目标的那些问题。

图 10-2　Scrum 框架——一种开发移动学习的敏捷方法

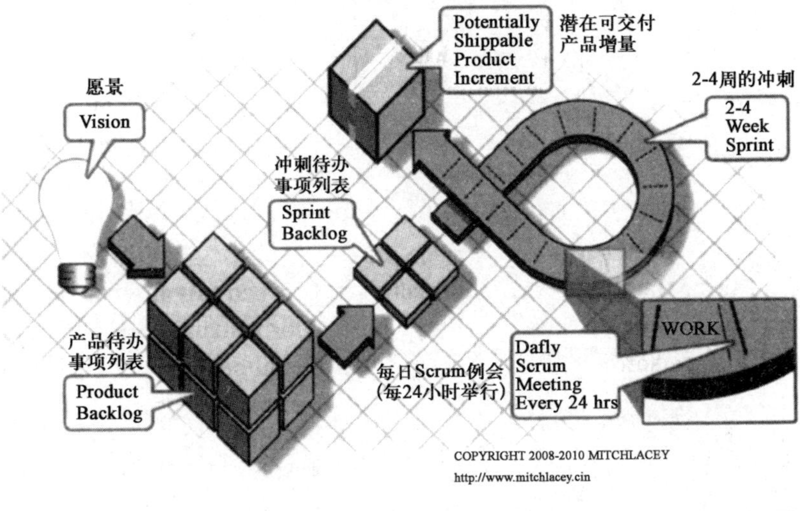

这个时候，你已经完成了第一步规划。与在 ADDIE 模型的分析阶段那样花上几个月时间不同，相反，你在几天之内就搞定了最初的需求列表。不用担心团队可能还没有将所有可能的特点和需求都考虑在内。使用敏捷方法的好处之一就在于每当你发现新的特点，你都可以随时将其加入待办事项列表。既然你已经完成了高层计划，创建了产品待办事项列表，就可以进入第一个冲刺阶段了。

任何冲刺开始的第一步都是举行冲刺计划会议，通常会占用一整天的时间。在这个会议上，产品所有者向团队描述待办事项列表上拥有最高优先级别的特点，并回答团队提出的问题。然后团队会开会确定冲刺待办事项列表，包括为冲刺确定目标，决定专注于哪些特点以实现冲刺目标，以及创建完成这些任务的预估。我说“专注于”，意思就是他们致力于对特点的完整设计、开发和测试，这样在冲刺结束时，他们就有了随时可以部署的成品。一旦你有了冲刺待办事项列表，那就开始冲刺吧！

关键术语

产品待办事项列表

一个具有优先级顺序的愿望列表，列出了所有要包括在你的移动学习项目内的特点和功能。

冲刺：分配用于开发、测试、修订一组功能的一段时间，结束时会有一个可用的产品。冲刺时间可以是 1～5 周之间的任意时长，不过一般为 2～4 周。

冲刺待办事项列表：在当前冲刺阶段，团队挑选出来集中所有努力来完成的分解为具体任务的特点列表。

在冲刺阶段，通常持续 2～4 周，团队自主决定谁负责哪些任务，这个人就取得开发过程的所有权。Scrum 专家每天举行一次 15 分钟左右的 Scrum 会议，以让每个人都保持常态化沟通。会议的议程基本不变：团队讨论自上次会议以来取得了哪些进展，今天他们在干些什么，以及遭遇到的挑战。Scrum 专家负责确保会议保持简短并专注于任务本身，而需要更深入讨论的“侧边”话题则留待以后进行。

应用技巧

用户故事

为了告别冗长正式的需求文档，很多敏捷流程使用用户故事来文档化需求。很多团队使用提示卡来记录用户故事。用户故事通过与团队和客户交谈来补充具体详细的需求。当为产品待办事项列表排序时，会根据用户故事将带来的投资回报程度排序，因为 Scrum 可以有软件的多个版本或多次发布。

完成冲刺后，要开两个会议。第一个会议是冲刺复查，团队回顾已完成的工作并为产品所有者和利益相关者提供一个演示版。在这个会上，项目会确定新的需求。这些需求会登上产品待办事项列表，而产品所有者会对列表重新划分优先顺序。第二个会议是冲刺回顾，在会上团队公开地讨论如何改进整体的移动学习产品以及开发流程。整个流程会通过召开下一个冲刺计划会议而继续。

应用技巧

利用 Scrum 取得成功的诀窍

对于很对人来说，Scrum 是一种新的理念。了解这一点之后，下面的一些诀窍可以帮助你的项目取得成功。

- 首先，决定每次冲刺应该专注于什么的是团队，而不是你。他们才是最了解在指定的时限内什么是可以完成并准备部署的。让他们来控制这个项目要素。
- 通常，由团队自己确定谁负责解决方案的各个组件，项目经理无需承担这个责任。

■ 产品所有者的职责是确保团队了解项目愿景，以及为各种功能划分优先顺序以提供业务价值。你可以指导团队把时间集中在最紧急的地方来行使管理项目的职责，并帮助团队达成目标。

■ 为产品待办事项列表划分优先顺序的关键，在于确定那些可以为公司带来最大投资回报的需求。

■ 一旦团队开始了冲刺，在任何情况下都不要增加需求。让团队专注于他们的工作。

■ 将冲刺计划会议上通过的冲刺目标作为交给利益相关者的进度报告的基础。他们并不需要知道每一项具体的功能。

在一两次冲刺后，你应该已经有了可以发布的产品。它可能并不是一个完整的软件包，不过你应该可以向员工发布某种层次的功能。你还可以得到反馈意见并对解决方案进行评价，而不用等到完整的产品准备就绪。

需要你参与的关键性项目里程碑

如果你的团队使用Scrum，而项目又不是太大的话，你可以自己扮演产品所有者的角色。了解这一点后，以下列出的就是你需要关注的几个项目关键点：

- 创建项目愿景
- 管理产品待办事项列表并为其划分优先顺序
- 参加冲刺计划会议
- 出席每天15分钟的Scrum会议并注意倾听别人的发言
- 在冲刺复查会上提出自己的反馈意见

而如果你分派别的资源人①来担任产品所有者，并承担项目的日常责任，那么你需要做到以下几点：

① 译者注：资源人指的是在指定的主题或领域内拥有相应的知识、技能、能力及专业经验来指导或提供第一手信息的人。通常他们对主题都非常精通。

- 把项目愿景传达给产品所有者
- 为用户故事提供意见，并管理产品待办事项列表并为其划分优先顺序
- 与 Scrum 专家和产品所有者一起举行每周例会，就项目进行讨论
- 参加冲刺复查会并提出自己的反馈意见

创建混合式学习

ADDIE 和 Scrum 都有各自的优势和弱点，其实用哪个都可以。实际上，有些公司采用了这两种方法各自的最优之处来创建自己的定制流程。和你的团队讨论一下，看看如何创建一个基于迭代的流程，在此流程中你可以了解什么可行、什么不可行，然后可以迅速做出调整。下面是一些如何与团队进行谈话的建议。

首先，在移动学习愿景内，你已经花了时间为项目的很多方面编制了文档，这些方面是你的团队需要在分析阶段对其进行分析的，包括：

- 找出问题所在以及确定是否可以通过提供培训来解决该问题
- 分析并确立培训的业务目标
- 确定项目必须实现的目标
- 确定如何衡量项目是否成功

其次，你已经编写了初始文档，让团队去确认以上这些假设而不是对其进行详细的分析。对于移动学习，你需要灵活对待，要允许对你的需求甚至你的方式做出调整。不要以为你的团队一定预先就知道所有的事。

接下来，让教学设计师确定实现目标所需要涵盖的任务和内容，并确认哪些内容已经存在。

让你的团队就解决方案的设计要素和需求进行头脑风暴。创

建一个按优先顺序排列的任务/特点列表，并挑选一些低垂易摘的果子（指花费最少的精力就能轻易实现的目标）来集中最初的力量去完成，考虑产品待办事项列表，然后开始创建线框图并为这一组件创建标准。

当进入开发和实施阶段，可以利用冲刺的概念。这样可以很快为学习者提供一个解决方案，获取他们的反馈意见，根据需要做出调整，然后开始获得投资回报。

注意事项

做适合团队的事

说到开发流程，最重要的是使用或创建一个鼓励协作、创造性和灵活性的流程。确定这样一个流程：它可以提供很多机会来进行测试，从学习者那获取反馈意见，并可根据需要进行调整。尽管很多移动学习供应商使用敏捷流程，但千万不要把学习如何应用新的流程（比如 Scrum）的压力加在你的团队的责任上。如果你使用的是公司内部的团队，让他们看看他们目前是如何进行内容开发的，然后找寻机会把现在的方法调整得更迭代化。

指导团队和提供反馈的技巧

关于管理项目团队，这里有一些关于如何提供指导和反馈的诀窍。这一部分着重强调关键会议和沟通技巧。

每日更新

无论你使用什么开发方法，每天都要召开团队会议。它们不必很长，重点关注团队已取得的大概成果，接下来他们要做什么，完成任务的风险有哪些，以及他们是否需要帮助以完成任务。这种做法有利于创建一个越来越乐于协作的团队，并可避免“把任务扔过篱笆给其他组”综合症。每天和团队开会可能看上去是个负担，但它不仅能确保你的项目能实现目标，还可以向团队表现出你积极参与的态度，以及你对他们的支持。

每周状态会议

应用技巧

充分利用每日团队会议

下面有一些诀窍可以帮助你的每日团队会议发挥最大效果。

- 把每天的会议安排在同一时间，并固定会议时长
- 开个短会。这并不是状态会议，而是团队内就项目健康状况和团队整体面对的挑战进行沟通的机会。
- 鼓励开诚布公的交流。
- 要求所有团队成员留至会议结束。毕竟，每个人都应该在进度上保持一致。而当有人提出某个事项时，说不定离开的那位就可以帮上忙。
- 并不是所有的问题都得在会议上解决。把这个会议看作一个机会来确定风险以及找出可以帮助化解风险的团队成员。让团队成员在会议之外再去制定详细的解决方案。

我建议项目经理每周五下午发送每周状态报告。这份报告涵盖本周取得的进度以及对团队下周工作的预报，同时还强调实现目标会遇到哪些风险。除了书面的状态报告之外，我还建议每周三举行一次周例会以检查团队的进度。这种中途会议可以帮助你和你的团队达成本周的目标，还可以让你有机会确定任何挑战，并进行头脑风暴以找出克服困难的方法。

提供反馈意见

下面的一些诀窍可以帮你向你的团队提供反馈意见，它们可以帮组营造一个积极的环境，并确保你的项目目标可以被实现。

- 明确给出需求方向。
- 要具体地说，不要泛泛而谈。
- 反馈意见要客观，并包含解决问题的方法。
- 避免使用“我不喜欢”这样的话。它会导致主观反馈而且不能提供任何解决问题的办法。
- 要确保团队真正的理解了你传达给他们的信息。在进行口头交流时，通常我会建议让他们用自己的话复述你所说的内容。或者你可以要求他们创建一个行动清单。
- 将你的反馈意见锁定在学习者的需求或实现项目目标上。
- 与团队讨论你正在试图解决的问题。与他们一起，也许你可以找到比你个人想出的更好的解决方案。
- 对运行良好之处以及当团队成员达到或超越你的期望之时，要不吝赞美之词。
- 对每次团队取得的成功都要加以庆祝。

智能管理

整合反馈意见

当反馈意见来自多个来源时，确保项目经理在将其传达给团队之前已经先审阅并加以整合。从团队的角度来说，对一个多源的反馈列表进行筛选和组织，然后再决定需要做什么是最糟糕的了。确保所有的反馈信息都按屏或按页整合好，而且你也指出了明确的方向。如果出现有矛盾的反馈意见，在交给团队之前先行将其解决。

管理者的必读清单

☑ 了解设计和开发移动学习解决方案的流程是有效地与团队合作的关键因素。

☑ 学习和开发团队使用的ADDIE模型,它由五个阶段构成:分析、设计、开发、实施和评估。

☑ 软件开发人员使用的敏捷方法在满足可能发生变更的需求方面具有更高的灵活性,你可以在一个分阶段的方法中更快地向员工部署内容,并让你和你的团队在每次部署时评估哪些是可行的,哪些还需要调整。

☑ 很多团队用Scrum来设计和开发移动学习解决方案的敏捷方法。Scrum基于一种迭代方法,并包含一系列持续2~4周的冲刺阶段。在每次冲刺结束时,移动解决方案的特点和功能已经经过了开发和测试,并随时可以部署给员工。

☑ 每天和开发团队开大约15分钟的会,以加强团队成员之间的沟通并确定潜在的挑战。

☑ 每周召开正式的会议,与团队讨论项目运行状况以及在实现项目目标方面你可以提供何种帮助。

☑ 为团队提供反馈意见时,要客观,不要主观;将利益相关者的反馈意见整合后再交给团队;为解决方案指明方向;将你的反馈意见锁定在实现总体目标或学习者体验上;对团队做得好的地方要不吝赞扬。

第11章 项目成功的保障

当你接受了本书中提出的建议，你就顺利地管理一个可以为你的公司带来积极成果的、有效的移动学习解决方案。尽管无法确保项目百分之百成功，我还是想分享一些诀窍以帮助提高你成功的几率，包括通过试点项目来运行你的解决方案，以及讨论如何确保你的团队在进行清晰无误的沟通。最后，本章还将为你提供一些关于如何挑选项目经理的诀窍。

试点移动学习的解决方案

先用一个试点项目试试水是确保你的移动学习方案取得成功的一个关键因素。你可能会想："难道这不是我们为什么要开发标准的原因吗?"从某种程度来说，是的，这没错。但是请记住：标准通常并不能全面完善地运行，只是设计和开发过程的一部分。而一个试点项目，则是你的移动学习解决方案的缩减版，它是可以全面、完整运行的。通过试点的运行，你可以确切地体验员工是如何在工作中与你的移动学习解决方案进行交互的。这是在推出更大规模的项目之前，先在小范围内试用你的解决方案的机会，以确定在哪些方面取得了成功、哪些方面还需要修改。在这个部分，本书将和你分享在准备试点时需要考虑的几个要点，本书还会分享一些在运行试点项目时可能会收到的反馈和信息。

关键术语

试　点(Pilot)

首次在有限范围内(在内容和用户数量上)推出你的移动学习方案,以测试项目的可行性,找出技术上的问题,以及评价项目的影响。

应用技巧

利益相关者应该参与试点项目

尽管项目的利益相关者并非你的目标受众,但你要确保他们有机会积极地参与到项目中来。想要验证项目是否满足了需求和期望,让利益相关者亲自体验是最好的办法。

这个办法可以帮助团队获得利益相关者的认可,从而为项目的其余部分提供资金,以及确保高层对移动学习的潜力保持兴奋。切记,如果你要为员工提供使用设备,而不是允许他们使用自己的设备,那么务必也要为利益相关者提供设备。

为试点做好准备

移动学习试点第一个要考虑的问题,就是要明确什么才是一个成功的项目。同样你还要考虑在试点阶段什么是你的评估标准是什么。接下来,确定运行试点项目的时间长度。平均来说,试点项目一般运行 1～3 个月的时间,而并没有什么所谓的“神奇”数字;不过,你肯定希望项目能运行足够长的时间以获得有代表性的使用情况,以及确保你收集的数据具有参考意义。

当准备试点的时候,挑选员工来参加项目。你需要对你的主要受众进行抽样,他们在使用移动设备方面应具有不同程度的技能水平,因为你肯定不希望你的试点项目只面向那些高权限移动用户。除了要为你的项目挑选积极参与者之外，还要挑选那些在试点期间为员工提供支持的人，这可能包括在咨询台工作的员工，以及参加过标准阶段的同级代表同事。你很可能会改变他们通常参与培训的方式，而他们中至少有几个会提出问题。最后，把试点人员遇到的问题和事项记录下来，以备在试点结束时，供你和你的团队审查。

防错

为试点挑选合适的人员

当设计和开发移动学习试点时，选用什么样的人员很关键。有时候管理者会选派一个经验欠缺的人来执行这项任务，然后观察他/她是否具备从事更大项目所需的能力。在我看来，这是个很糟糕的主意。如果你想对缺乏经验的人员进行测试，那么就把他们派到最终产品团队，并指派导师和他们共事。试点是关键的审查点，而你肯定希望展现出最好的一面。另一个在资源分配方面要考虑的因素是试点团队是否可以参与制作最终的更大规模的产品。当我为试点项目分配人员时，我倾向于挑选担任项目首席设计师和首席开发人员职责的人员，这样可以确保在知识转让过程中不会有任何损失，同样可以确保产品开发的一致性。

智能管理

让员工做好准备

在试点项目上线之前，请告诉参加试点的人员这个项目的目的，以及他们在项目的成功里将扮演的角色。记住，你正在改变你的员工与企业培训交互的方式，甚至他们对企业培训机会的看法。让他们知道他们的参与和意见有多宝贵。你必须向他们传达试点项目的目标，其运行的时间长度，以及他们将如何向你提供反馈意见。同样，如果你正在发起一项新的设备使用政策或可接受使用政策，你可以利用这次机会向你的员工说明并回答他们提出的问题。如果他们提供一份常见问题及解答(FAQ)文档，以及当他们遇到设备方面或是学习体验方面的问题，就可以为他们提供支援的人的联系方式。

营造声势

随着进入移动学习的世界，你和你的公司正踏上一段激动人心的旅程，你当然应该把这个消息分享给公司里的同事。在你启动试点项目之前，请一位“明星领导”来宣讲公司要推行这一新举措的原因以及为何试点参与者是项目成功的关键部分。你可以把与这位“明星领导”的访谈录成视频以供员工观看，并在视频中包含一些移动学习解决方案的简短展示。你还可以为公司简报写一篇文章，并主持召开一个项目启动在线研讨会。

除了充分利用“明星领导”之外，你还应该与“明星同僚”们聊聊他们能如何为试点项目营造声势。你不仅希望提高项目的认知度，还想要激发同事们对移动学习新项目的热情。理想的状况是，你的“明星同僚”们曾参加过标准阶段并可就该项目将如何对员工产生影响分享他们的经验。如果你的公司已经设立了社交网络，那么将它作为连接员工的一种方式。

通过移动学习试点你了解到什么

我们已经讨论了在制订试点计划和在公司上下营造声势时需要考虑的一些关键点，现在让我们谈谈如何通过试点项目吸取经验教训吧。通过运行试点项目，你可以获得以下方面的宝贵见解：

- 员工对于解决方案的反应；
- 员工使用该项目是否符合预期；
- 有多少员工利用了该解决方案带来的好处；

- 解决方案在哪些方面运行良好；
- 哪些元素需要重新考虑或重新设计；
- 员工在使用某些操作系统、平台或设备时面临的挑战；
- 应用的技术是否如预期般起到作用；
- 项目是否易于员工接入和使用；
- 你接收到何种类型的支援请求；
- 你是否成功地跟踪了所有用于衡量项目成功的数据。

注意事项

不要着急开发完整的解决方案

一个管理者和项目经理们在运行试点项目时常犯的错误就是过快地去准备开发解决方案的剩余部分。我理解你迫不及待想开展完整的项目，然后开始从移动解决方案中获益，然而，在你有时间分析初步结果之前，最好不要这么做。你和你的团队需要具体确定哪些是有效的，而哪些需要做出调整，然后制订计划以实施对解决方案的更改以及未来项目的推出。这需要一定的时间，所以你要确保先为其制订好计划。

确保无缝沟通

很多人可能都会认为自己善于沟通，也许有些人的确拥有这项技能，然而，大多数人在这方面都会面临挑战。而移动学习项目却要求每个人都必须进行有效的沟通。这个要求在你清楚地阐述正在解决的业务问题以及为移动学习解决方案设定的目标时就已经提出了。利益相关者们必须能够明确他们对项目的需求和期望。审查完交付成果，你的团队必须理解审查结果给出的指导和反馈意见。在你的项目中，沟通无处不在，而找到可以确保让所有人都保持一致的办法是实现项目成功的关键组成部分。

团队名册和沟通偏好

当开始你的项目时，我建议让项目经理制作一份团队名册并分发给团队里的每个成员。这份名称必须包括每个人的姓名、在项目中的职责、电子邮件地址、电话号码以及偏好的联系方式。这有助于帮助确立完整团队的重要性，并可鼓励在整个项目期间进行沟通。

偏好的联系方式是名册中很重要的部分。比如，曾经就有很多利益相关者告诉我，他们从不接电话，而最快得到他们回应的方式就是通过写电子邮件。还有一些利益相关者向我解释说他们收到太多的语音信息和电子邮件，而联系他们最好的方式就是给他们发短信。为了确保及时的响应，将这一部分包含在你的名册里，然后确保团队成员理解按偏好的方式去联系相应的个人的重要性。

测试日志

正如我们在第 10 章讨论的，移动学习解决方案的测试过程对于创建一个成功而有效的产品非常关键。然而，测试过程也会带来很多的误解。假设你的团队使用某种问题和/或漏洞跟踪软件，那么沟通问题通常只会归于以下两类：确定问题所在位置，以及提供所有必要的信息以重建并解决问题。你将通过何种方式来克服这些潜在的沟通障碍？

防 错

不要用电子表格来跟踪

对于很多学习和开发团队来说，使用电子表格来跟踪测试和质量保证方面的问题是很普遍的做法。基于多年的经验，我建议你最好不要这么做：你将会为你自己和团队带来一场灾难。电子表格文件必须要上传到服务器或者通过电子邮件发送给别人，而当大家使用不同版本的电子表格，或者某个文件上载到了错误的地方，又或者某人在本地硬盘上对该电子表格进行更改，那么在服务器端的电子表格就不会是最新的。这些例子都会导致沟通上的麻烦。

如果你要对移动学习进行创新，那么就投入编写一个可以实时访问问题日志的问题跟踪软件。我建议你和 IT 部门开个会以挑选合适的软件来适应你的需求。他们也许就有正适合你的需求的问题跟踪软件。

首先，当你的团队在设计移动解决方案时，确保他们已经制定了命名规范，这样每一屏都会有特定的名字。这使得团队可以迅速地在解决方案内找出问题所在，并确定问题是否已经得到了解决。然后，要确保测试人员和团队其他成员之间的无缝沟通，务必做到捕获所有的关键信息。下面是你要确保你的团队进行跟踪的一些字段：

- 问题编号：一个唯一的号码，使你的团队可以迅速找到特定的问题并对其加以讨论。
- 日期：找到问题时的日期。
- 版本：找到问题时软件的版本号或发布号。
- 平台：发生问题的平台和操作系统列表。
- 描述：对于问题的详细描述以及重建问题所需的步骤。
- 解决：测试人员应就如何解决问题或期待的结果提供相应的描述。
- 附件：可以让测试人员添加有关问题的屏幕截图的字段。

- 由 XXX 发现：发现问题所在的测试人员的姓名以及可以就此问题回答团队的补充疑问的人的姓名。
- 分配给：负责解决问题的人的姓名。一旦问题被解决，还有确认该问题已被解决的测试人员的姓名。
- 截止日期：被分配任务的人必须在此日期之前完成任务。
- 优先级别：一个预先确定的排序系统以帮助团队对工作负担做出优先排序，从而在期限之前完成工作。
- 修正日期：问题被解决的日期。
- 修正版本：问题是在软件的哪个版本中被解决并部署的。

注意事项

合理利用附件字段

附件字段可以让测试人员为问题截屏并将其加入到跟踪系统中。这可以清楚的说明问题是什么以及出现在哪里。附件并不能被用来取代对重建解决方案所需步骤的记录，或者任何其他的字段，只能作为额外补充的信息。

传递头脑风暴会议的成果

在本书中，我一直在建议你创造一个环境，可以让你的团队在其中协同合作，共同设计和开发你的解决方案并解决相应的问题。毕竟，在设计和开发移动开发解决方案的时候，你需要创造性地考虑该如何使用技术。当团队成员将某人的想法拿来，再加上自己的演绎，直到该想法演变成一个可靠的解决方案时，往往会得到很多收益。尽管这种创新、协作的环境对创建解决方案很有帮助，但它的确会带来一些沟通上的挑战。比如，在头脑风暴会议之后，团队成员会容易记不清该对哪些事项采取行动。为了应对此种风险，项目经理应该提供一份具体的会议文档，用来描述团队将遵循何种决定来采取行动。

智能管理

避免“谷仓”[1]的出现

有时候，团队会陷入“谷仓思维“的困境，也就是说他们不再考虑项目整体，而只是从各自擅长领域的角度来思考问题。比如，开发人员可能会认为他们在项目中的唯一职责就是为解决方案编写代码。如果允许他们在各自的“谷仓”内工作的话，团队成员往往会在谈论完与自己有关的任务后离开状态会议，或者在讨论的任务并不直接涉及他们的职责时选择在会议中置身事外，或者不积极参加头脑风暴会议。这种态度和行为应立即予以制止，因为它不仅会为团队带来负面影响，而且还会影响到最终产品的质量。

每周会议

项目经理应该把每周状态报告分发给所有的团队成员。除了这个交流点之外，每周留出特定的一段时间与项目经理一起就项目事宜进行讨论。利用这个碰头会深入探究那些未被包括在状态报告文档中的细节；看看有什么地方你可以为团队提供帮助，如获取可以帮助他们战胜挑战的资源，与其他部门合作，甚至与心怀敌意的利益相关者合作等；还可以和项目经理讨论哪些团队成员在本身的职责之外还做出了额外的贡献，这样你可以亲自确认并表扬他们的努力。

---

① 译者注：谷仓效应，指企业内部因缺少沟通，部门间各自为政，只有垂直的指挥系统，没有水平的协同机制，就像一个个的谷仓，各自拥有独立的进出系统，但缺少了谷仓与谷仓之间的沟通和互动。这种情况下各部门之间未能建立共识而无法和谐运作。

审查反馈意见

有一些信息可能会给你的团队带来沟通上的挑战，就是来自利益相关者和/或审查团队的反馈意见。我建议你采取的第一步就是，在每一个审查节点都向利益相关者和审查团队提供一份审查表格，已经如何填写表格的说明。为他们具体审查的部分设定期望值，这将有助于你获得有帮助的反馈意见。不过这里需要指出，获得明确指示方向的客观反馈意见并非易事。建议你在利益相关者和审查团队有机会对可交付成果进行审查，并将他们的反馈意见文本化之后再举行团队的正式审查会议。还有，不要忘了在你的审查团队成员之外，至少要把开发团队的关键成员包含在参会人员之内。在这个会议上，你的团队可以亲耳听到存在哪些问题，确认来自不同利益相关者间相互冲突的反馈意见，最后就如何解决问题达成一致。

选择合适的项目经理

挑选恰当的人来带领你的团队是一项重要的决定。毕竟，他/她将成为你的得力助手，并要负责最终交付一个可以满足你和利益相关者的期望以及用户需求的项目。当任命项目经理时，找一个已经表现出以下品质的人，他/她必须：

- 高度注重细节；
- 良好的沟通和人际交往能力；
- 可靠的决策能力；
- 有效利用资源的能力；
- 对于项目管理工具有相当的了解；

我相信管理一个移动学习项目还需要其他一些技能组。当为移动学习项目挑选项目经理时，他/她还需要：

- 是移动技术的积极使用者；

- 注重于实现你的业务目标，而不仅仅是完成任务列表；
- 当需求变更时可以灵活应对；
- 如果他/她需要主持审查会议，还需要拥有良好的表达能力；
- 做一个积极的聆听者以确保他/她可以明白利益相关者所有的需求。

智能管理

当供应商提供项目经理时

如果你已经决定将你的移动学习解决方案的开发外包出去，那么供应商就会提供一个项目经理来负责对项目进行监督。要指定一个内部的员工担任你公司方面的项目经理，他/她将作为联络人与供应商每天进行沟通。把这个人看作是一个一站式服务点，他/她可以解决问题并确保公司的目标和利益相关者的期望在整个流程中都得以实现。

管理者的必读清单

☑ 运行试点带来的好处就是你可以使用与完整项目相同的流程来推出你的解决方案，从而获得宝贵的机会以深入了解哪些地方运行良好，是否需要对项目做出调整，如果有的话是哪些地方需要调整。

☑ 在计划过程中需要考虑的关键点包括：你为试点设定的目标、成功的试点是什么样的、应该运行多久，以及对试点参加人员的挑选和培训。

☑ 为试点项目在全公司范围内营造声势，与所有人分享项目的目标，并告诉用户该项目将如何对他们的工作产生影响。

☑ 清晰无误的沟通是项目取得成功的关键，要采取每一步必要的措施来减少障碍。

☑ 确定项目经理的人选，他/她应该拥有可以有效带领你的项目团队并成为你的得力助手所必需的技能。